行政書士「民法大改正」スピード攻略

本書は、**本書編集基準日時点で成立している改正民法**について、**行政書士試験**に関し、出題可能性のある、押さえておきたい重要項目を厳選したうえ、わかりやすく解説しています。特に覚えておきたい重要知識等は、付属の赤シートを被せることで消えるしくみになっています。赤シートも活用して、改正民法のポイントを暗記してしまいましょう。

■本書で使われる「改正アイコン」の意味■

新設 改正民法で**新たに新設**された規定です。

変更 改正民法により、**従来の規定内容や解釈から変更**された規定です。

明文化 改正民法により、**従来から判例等で認められていた考え方や解釈が、条文として明文化**されたものです。

削除 改正民法により、**条文が削除**され、**改正前の民法で存在していた制度等が廃止**されたものです。

（注）上記の分類は本書独自の見解に基づきます。各規定について、例えば、条文が「新設」されたり「削除」されたりしたことによって、改正前の民法からの考え方が「変更」されたケースもあり、上記の分類は1つの場合分けにすぎません。

◆行政書士試験の出題法令基準日は、例年試験が行われる年の4月1日現在で施行されている法令に基づきます。本書では、令和2年4月1日までに施行される改正民法を第1章において、令和4年4月1日までに施行される予定の改正民法を第2章で紹介しています。

本書の使い方

本書は「改正民法」を行政書士試験用に解説した書籍です。紙面には、内容がよくわかるようにさまざまな工夫がしてあります。

解説テーマを内容ごとに分類！
改正民法といっても、さまざまな話があります。理解しやすいよう内容を分けているので、必要な項目の検索にも便利です。

出題可能性も紹介！
各テーマの冒頭では、そのテーマの出題可能性を表示します。★が多いほど出題可能性があります

各テーマのポイントをざっくり紹介！
本文に入る前に、各テーマのポイントをざっくり紹介します。本文へとスムーズに入っていくことができます。

どのような改正かわかる！
各改正点がどのような改正なのか「改正アイコン」があります。

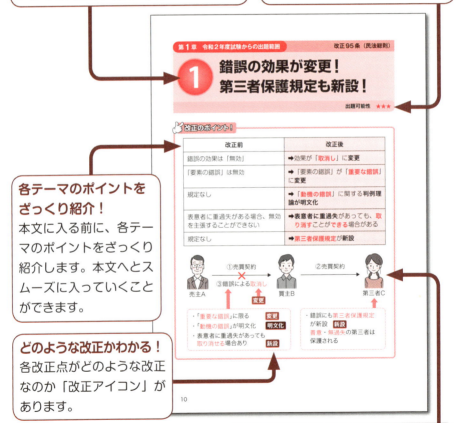

イメージしやすいイラストも充実！
文章だけでは理解し切れないことを図や表で示しました。理解をサポートします。

※本書は原則として、令和2年3月1日現在の情報に基づいて編集しています。

赤シートで知識を確認！
付属の赤シートを使うことで、キーワードを隠すことができます。知識の確認に便利です。

ちょっとした注意点も補足します！
本文では触れられていない注意点などは「ちょこっとコメント」などで紹介します。時には「ゴロ合わせ」も!?

▶寄託物を受け取る前の「受寄者」の解除権（改正民法657条の2第2項・3項）
①無償寄託の場合
　書面によらない寄託　➡寄託物を　　　　　　までは自由に解除できる
　書面による寄託　　　➡寄託物を受け取るべき時期を過ぎたにもかかわらず、寄託者が寄託物を引き渡さない場合、　　　　を定めて引渡しを　　　し、その期間内に引渡しがないときに解除できる
②有償寄託の場合　　　➡上記書面による無償寄託と同じ

新設　**8　損害賠償請求等の期間制限が新設された**
　改正民法664条の2第1項は、寄託物の一部滅失又は損傷によって生じた損害賠償、受寄者が支出した費用の償還は、寄託者が　　還を受けた時から1年以内に請求しなければならないと規定した。
　また、この「損害賠償請求権」については、寄託者が　　　を受けた時から1年を経過するまでの間、時効は完成しない（同条2項）。
　なお、受寄者の注意義務について、無償寄託の場合は、　　自己の財産に対するのと同一の注意義務、有償寄託の場合は、善管注意義務という点に変更はない（改正民法659条）。

ONE POINT!!　ちょこっとコメント

　改正民法は、委任に関する報酬を割合履行型（改正前の民法と同じ）と、成果完成型に分けて規定している。成果完成型の報酬とは、弁護士や不動産仲介の成功報酬をイメージするとわかりやすい。
　成果完成型の報酬の枠組みは、概ね請負と同じであるといえよう。仕事完成型の委任には仕事の完成義務はないが、請負には仕事の完成義務がある点が両者の相違点である。

ゴロ合わせ！　錯誤における第三者保護規定の要件

柵ごとサンシャイン
（錯誤における第三者）
全員ムカッ！
（善意・無過失で保護）

■ 過去問の確認と予想問題

　では、錯誤に関する過去問題から確認してみよう。まずは、次の問題を見てほしい。

過去問　平成29年度　問題28　改題

錯誤等に関する次の記述のうち、民法の規定および判例に照らし、妥当でないものはどれか。

1　錯誤が法律行為の目的及び取引上の社会に照らして重要なものであるとき、表意者に錯誤に基づく無効を主張する意思がないときであっても、表意者自身が錯誤を認めており、表意者に対する債権を保全する必要がある場合、表意者の債権者は、表意者の錯誤を理由とする無効を主張することができる。

〔解説〕　改正前 ○　→改正後 ×
　改正前の民法下では、意思表示は、要素の錯誤がある場合は無効とされていた。第三者が表意者に対する債権を保全する必要がある場合において、表意者がその意思表示の要素（改正民法における、法律行為の目的及び取引上の社会通念に照らして重要なもの）に関し錯誤があることを認めているときは、表意者自らその意思表示の無効を主張する意思がなくても、当該第三者は、右意思表示の無効を主張して、その結果生ず

過去問と予想問題で知識を確認！
各テーマの最後には、テーマに関する過去問題と予想問題を紹介します。知識の確認に最適です。

行政書士試験案内（例年）

　行政書士試験は例年、次のような要領で実施されることが見込まれますが、変更される場合がありますので、例年7月に試験実施団体が発表する最新情報を必ずご自身で確認してください。

1 受験資格　年齢、性別、学歴等に関係なく、誰でも受験することができます。

2 受験申込みの受付

　郵送申込み：7月下旬〜8月下旬
　簡易書留郵便で郵送します。消印が上記期間中のもののみ受け付けられます。

　インターネット申込み：7月下旬〜8月下旬

　試験センターのホームページから、画面の項目に従って必要事項を入力します。なお、顔写真の画像データが必要です。

3 受験手数料　7,000円（例年）

4 試験の日時　11月第2日曜日
13時から16時まで（3時間）

5 受験場所　現在の住まい、住民票記載住所に関係なく、全国の試験場で受験できます。

試験の内容

試験科目	内容等
行政書士の業務に関し必要な法令等 （出題数 46 問）	憲法、行政法（行政法の一般的な法理論、行政手続法、行政不服審査法、行政事件訴訟法、国家賠償法及び地方自治法を中心とする。）、民法、商法及び基礎法学
行政書士の業務に関連する一般知識等 （出題数 14 問）	政治・経済・社会、情報通信・個人情報保護、文章理解

※法令は、例年その年の 4 月 1 日現在施行されている法令を基準として出題されます。

試験の方法

「行政書士の業務に関し必要な法令等」
5 肢択一式（多肢選択式を含む 43 問）及び記述式（3 問）
「行政書士の業務に関連する一般知識等」
5 肢択一式（14 問）
マークシート方式

合格発表

8

翌年の 1 月下旬

問い合わせ先
一般財団法人　行政書士試験研究センター
〒 102-0082　東京都千代田区一番町 25 番地　全国町村議員会館 3 階
試験専用照会ダイヤル：03-3263-7700
URL　https://gyosei-shiken.or.jp

第**1**章
令和2年度試験からの出題範囲

　この**第1章**では、**令和2年度試験より、試験範囲内に含まれる予定の改正法**を解説する。様々な改正がなされているが、**従来の判例理論等の明文化も多い**。しかし、特に改正前の民法を学習していた受験生にとっては、要注意の改正点が多数ある。錯誤の効果が**「取消し」**になった点（11ページ）や、消滅時効の起算点に主観的起算点が追加された点（39ページ）、**債務不履行による解除**について、**債務者の帰責事由が不要**となった点（58ページ）、**連帯債務**において、**いくつかの行為が相対的効力**となった点（84ページ）、**売買契約の買主の救済手段が変更された点**（143ページ）、**不法行為に基づく損害賠償請求権を受働債権とする相殺が、一部可能**となった点（137ページ）などである。また、**新たに創設された「配偶者の居住の権利」**（184ページ）も重要な改正だ。学習しなおさねばならないのは、皆同じである。焦らずにコツコツと確認していこう。

1 錯誤の効果が変更！
第三者保護規定も新設！

出題可能性　★★★

改正のポイント！

改正前	改正後
錯誤の効果は「無効」	➡効果が「取消し」に変更
「要素の錯誤」は無効	➡「要素の錯誤」が「重要な錯誤」に変更
規定なし	➡「動機の錯誤」に関する判例理論が明文化
表意者に重過失がある場合、無効を主張することができない	➡表意者に重過失があっても、取り消すことができる場合がある
規定なし	➡第三者保護規定が新設

①売買契約  ②売買契約

③錯誤による取消し

売主A　　　　　　　　買主B　　　　　　　　第三者C

変更

・「重要な錯誤」に限る　変更
・「動機の錯誤」が明文化　明文化
・表意者に重過失があっても
　取り消せる場合あり　新設

・錯誤にも第三者保護規定
　が新設　新設
　善意・無過失の第三者は
　保護される

❶
錯
誤
の
効
果
が
変
更
！
な
ど

■ 改正点の解説

変更 1　錯誤の効果が「無効」から「取消し」へ

　錯誤とは、いわゆる勘違いに基づき契約を締結してしまった場合である。改正前の民法では、この**錯誤に基づく契約の効果**が「無効」であったところ、改正によって、**「取消し」**となった。

　この点をストレートに問う問題が出る可能性は低いが、事例問題における「ヒッカケ問題」として、**錯誤の事例における問題文の最後**が「**無効である**」となっていた場合は、その時点で**誤り**となるので注意しよう。

用語 ～「無効」と「取消し」の違い～

　「**無効**」とは、「効力がない」という文字のごとく、その契約について、**当事者間において、そもそも何もない**状態というイメージでよかろう。例えば、AB間の売買契約が**無効**である場合、そもそも「AB間では何もない」ことを意味するので、ABは互いに相手に対して「契約を履行せよ！」と言えないことはもちろん、周囲の人間も原則として、「AB間の契約は無効だ！」と主張することが**できる**。

　他方、**取消し**とは、**取消権者が「取り消す！」と言わない限り**、その契約は**有効**な状態を保っていることを意味する。取消権者が「取り消す！」と言ってはじめて、契約**当初**に遡って、その契約は「**無効**」となるのだ。

　「取消し」は「無効」と異なり、**取消権者**でなければ主張できないし、取り消すことができる者が「このままでもよいか…」と思えば、その契約を有効のまま残すこともできる点で、無効とは効果の強弱がある。

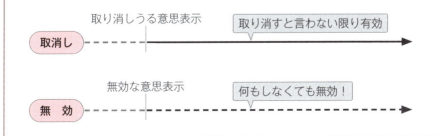

11

2 「要素の錯誤」は「重要な錯誤」に

　売買契約の売主としては、契約後に買主から「うっかりしていたから、契約を取り消します」と簡単に言われては、たまったものではない。そこで、改正前の民法においても、「錯誤」と認められるためには、その意思表示が「法律行為の要素」についての錯誤であることが必要とされた。いわゆる**「要素の錯誤」**である。

　しかし、この「要素の錯誤」は具体的にどういう場合なのかがわかりにくいので、**改正民法**では、その判断が行いやすくなるよう、その錯誤が**「法律行為の目的及び取引上の社会通念に照らして重要な錯誤」**である場合には、**取り消す**ことができると改正された。

　試験対策上は、**実質的な内容に変更はない**と考え、**「要素の錯誤」**か**ら「重要な錯誤」へと表現が変わっただけ**と考えてよかろう。

　単に表現が異なるという「ヒッカケ問題」の出題可能性はかなり低いので、この点については、さほど気にする必要はない。

明文化 **3　表示をしていれば「動機の錯誤」を主張できる**

　改正民法では、いわゆる**「動機の錯誤」**が**明文化**された。動機の錯誤とは、「Aを買う」という表示自体に勘違いはないが、「Aを買う」というきっかけ・動機に勘違いがあった場合の話である。改正前の民法では、動機の錯誤に関する規定はなかった。

　ただし判例上、動機は、**表意者が当該意思表示の内容**としてこれを**相手方に表示していた場合、法律行為の要素**となる（→それが「要素の錯誤」〔重要な錯誤〕であれば錯誤の主張ができる）と解釈されていたところ（最判昭29.11.26）、この辺が正式に**民法の規定として明文化**された。

　改正民法95条1項2号において、動機の錯誤は**「表意者が法律行為の基礎とした事情についてのその認識が真実に反する錯誤」**と規定され、**この取消しは、「その事情が法律行為の基礎とされていることが表示されていたときに限り、することができる。」**とされた（同条2項）。

　このように、従来より考え方自体は変わらないので、試験対策上は、**明文化**されたということを知っていればよかろう。

❶ 錯誤の効果が変更！など

新設 4 表意者に重過失があっても、取り消せる場合がある！

　改正前の民法では、表意者に重大な過失があったとき、表意者は錯誤による無効主張ができないと規定されており、条文上は表意者に重大な過失があると、常に錯誤無効の主張ができないように見えた。

　ただし、改正前でも、契約の相手方がその状態を知っていたような場合にまで、無効主張できないとするのは表意者に酷であり、無効主張を認めようとする解釈が支配的であったし、この辺の処理が明確ではなかった。

　そこで、**改正民法は、表意者に重大な過失があったとしても、**次の場合には、**錯誤に基づく取消しを認める**と規定された。

表意者に重大な過失があったとしても、取り消せる場合

①**相手方**が表意者に錯誤があることを**知り**、又は**重大な過失**によって知らなかったとき（改正民法95条3項1号）。

②**相手方**が表意者と**同一の錯誤**に陥っていたとき（同項2号）。

　この改正点は、試験に出しやすいテーマと言えるので、この2つの要件はしっかり押さえておこう。

新設 5 錯誤にも第三者保護規定が新設

　改正前の民法では、錯誤に関する第三者保護規定がなかった。例えば、Aが錯誤に基づき、Bに絵画を売却したとする。その後、Bが第三者Cに当該絵画を転売したが、Aが錯誤に気が付いて、ABの売買契約を取り消した場合（改正前は無効主張）、何も事情を知らない第三者Cは、Aに当該絵画を返さなければならないのか、という点について規定がなかったのだ。

　この点、心裡留保や詐欺の場合と同様に、何も知らずに取引をした第三者を保護する必要があるのでは…という考え方があったものの、処理が明確ではなかった。そこで、**改正民法95条4項**では、錯誤に基づく意思表示の取消しは、「**善意**で**かつ過失がない**第三者に**対抗**することが**できない**。」と規定され、**善意・無過失の第三者を保護**する規定が新設

されたのである。

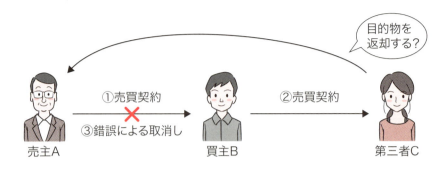

改正前の民法下では解釈にバラつきがあったために、この点に関する出題をしにくい面があった。しかし、明文化されたことで、**錯誤に基づく契約後、第三者が転売を受ける事例問題**が出題される可能性が大いにある。**善意・無過失**の第三者が保護されるという点は押さえておこう。

ゴロ合わせ！ **錯誤における第三者保護規定の要件**

柵ごとサンシャイン
（錯誤における第三者）

全員ムカっ！
（善意・無過失で保護）

なお、第三者保護規定は、錯誤についてだけではなく、虚偽表示や詐欺・強迫についてもある。それぞれの要件について、一度、自分なりにまとめてみることをお勧めする。

過去問の確認と予想問題

では、錯誤に関する過去問題から確認してみよう。まずは、次の問題を見てほしい。

 過去問　平成29年度　問題28改題

> 錯誤等に関する次の記述のうち、民法の規定および判例に照らし、妥当でないものはどれか。
>
> 1　錯誤が法律行為の目的及び取引上の社会通念に照らして重要なものであるとき、表意者に錯誤に基づく無効を主張する意思がないときであっても、表意者自身が錯誤を認めており、表意者に対する債権を保全する必要がある場合、表意者の債権者は、表意者の錯誤を理由とする無効を主張することができる。

〔解説〕　改正前 ○　→改正後 ✕

改正前の民法下では、意思表示は、要素の錯誤がある場合は無効とされていた。第三者が表意者に対する債権を保全する必要がある場合において、表意者がその意思表示の要素（改正民法における、法律行為の目的及び取引上の社会通念に照らして重要なもの）に関し錯誤のあることを認めているときは、表意者自らその意思表示の無効を主張する意思がなくても、当該第三者は、右意思表示の無効を主張して、その結果生ずる表意者の債権を代位行使することが許される（最判昭45.3.26）。

一方、改正民法では「**重要**な錯誤」がある場合に、「**取消しを主張**」できるか否かの問題になるので、問題文が「無効」の話をしている時点で**誤り**となる。改正民法95条1項では、表意者の錯誤が**法律行為の目的及び取引上の社会通念に照らして重要なもの**であるときは、その意思表示は**取り消す**ことができると規定している。

15

錯誤による意思表示に関する次のア～オの記述のうち、民法の規定および判例に照らし、妥当なものの組合せはどれか。

オ　表意者が錯誤に陥ったことについて重大な過失があったときは、表意者は、自ら意思表示を取り消すことができない。この場合には、相手方が、表意者に重大な過失があったことについて主張・立証しなければならない。

〔解説〕　改正前 ×　→改正後×

　改正民法95条3項では、錯誤が表意者の**重大な過失**によるものであった場合は、意思表示の**取消しをすることができない**が、①相手方が表意者に錯誤があることを知り、又は**重大な過失**によって知らなかったとき、②相手方が表意者と**同一の錯誤**に陥っていたときは、表意者に重大な過失があったとしても、**取り消すことができる**と規定している。この場合、表意者に重大な過失があったことの立証責任は、**相手方**が負う（大判大7.12.3）。

 予想問題

AがBに甲土地を売却した場合に関する次の記述のうち、民法の規定及び判例によれば、誤っているものはどれか。

Aが錯誤に基づいて甲土地をBに売却していたが、その後BがCに甲土地を転売した場合、CがAの錯誤の事実を知らず、かつ、その点に過失がなければ、Aは、Cに錯誤による取消しを対抗することができない。

〔解説〕　○

　改正民法95条4項は、錯誤に基づく意思表示の取消しは、「**善意でかつ過失がない**第三者に**対抗**することが**できない**。」と規定している。本問では、第三者のCはAの錯誤について**善意・無過失**である以上、**A はCに錯誤による取消しを対抗できない**ことになる。

第1章　令和2年度試験からの出題範囲　　改正101条、102条、105条、106条（民法総則）

2 代理行為の瑕疵と、復代理に関する規定が整備！

出題可能性　★★

改正のポイント！

改正前	改正後
代理行為の瑕疵については、代理人を基準に決する	➡**実質的な変更はない**。ただし、「**能動代理**」と「**受動代理**」で規定が分けられた
代理行為について、本人が悪意又は過失により知らなかった事情は、代理人が善意であることを主張できない	➡**実質的な変更はない**。ただし、「**本人の指図に従って**」という条文上の**文言が削除**された
制限行為能力者でも代理人となることができる（制限行為能力を理由とした取消しは認められない）	➡左記の点に変更はないが、**制限行為能力者が、他の制限行為能力者の法定代理人**となる場合、**取消しが可能**となった
任意代理人は、復代理人の選任・監督について責任を負う	➡**任意代理人の責任**は、**復代理人の選任・監督責任に限定されない**（**債務の本旨**に従っているかが基準）
復代理人の権利義務は、代理人と同一	➡**復代理人**は、その**権限の範囲内**で、**代理人と同一の権利義務**を負う

上記の改正点のうち、**4つ目の任意代理人の復代理人に対する責任**については注意しておこう。その他は、従来の規定から実質的な変更はない。

改正点の解説

変更 **1　能動代理と受動代理の規定が分けられた**

「**能動代理**」とは、代理人が**意思表示を行う**場面のこと、「**受動代理**」とは、代理人が**意思表示を受け取る**場面を想定しよう。

改正前の民法101条1項では、この2つの場面を区別することなく、代理行為の意思表示に関して、詐欺や強迫などがあった場合、また、当事者の善意・悪意等により影響を受ける場合、その事実の有無は、代理人について決するとしていた。

改正民法では、**能動代理と受動代理の場面を区別**したうえ、従来の1項を1項と2項の2つに分けた（結果、従来の2項は3項へ移動）。そして、**改正民法101条1項**は、**能動代理**の場面を規定し、**意思の不存在、錯誤、詐欺、強迫**又はある事情を知っていたこと若しくは知らなかったことにつき過失があったことによって影響を受けるべき場合については、その事実の有無は、**代理人**の主観で判断することとした。

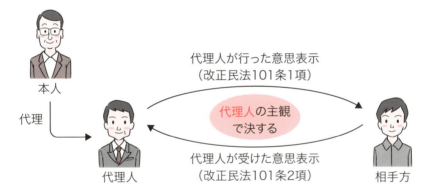

また、**改正民法101条2項**は、**受動代理**の場面を規定し、**相手方が代理人に対してした意思表示の効力**が、意思表示を受けた者がある事情を知っていたこと又は知らなかったことにつき過失があったことによって**影響を受ける場合**には、その**事実の有無も、代理人**について決するものとした。

適用条文の違いはあれど、代理人が代理行為をした場合、原則として、**主観的事情は代理人を基準に決する**ということで、**従来の考え方から実**

質的な変更はない。試験対策上は、気にする必要はなかろう。

変更　2　本人が知っている事情は、不知を主張できない

　改正前の民法101条2項の規定は、代理人が「**本人の指図に従って**」特定の法律行為をした場合、代理人が知らなかった事情を本人が知っていた又は過失によって知らなかった場合、**本人は、代理人が知らなかったと主張できない**としていた。

　契約の相手方の意思表示の瑕疵について、事情を知っている本人が、何も知らない代理人を立てることで、意思表示の瑕疵をなきものにすることを防ぐ規定である。

　ただし、この規定では、代理人が「本人の指図に従って」特定の法律行為をしたとき"以外"の判断基準が不明確であったため、**判例（大判明41.6.10）**は、同条項の適用について、「特定の法律行為」の委託があれば足りる（＝「本人の指図」は要件としない）としていた。

　改正民法101条3項は、この判例の趣旨を踏まえて、「本人の指図に従って」という部分を削除し、「特定の法律行為をすることを委託された代理人がその行為をしたときは、本人は、自ら知っていた事情について代理人が知らなかったことを主張することができない。本人が過失によって知らなかった事情についても、同様とする。」と規定した。

　従来の解釈から考え方に変わりはないので、ここも試験対策上は気にする必要はなかろう。**本人の指図があろうがなかろうが、特定の法律行為の代理行為**に関して、本人が知っている事情等は、代理人がそれを知らなかったとしても、**本人は、代理人が知らなかったと主張できない。**

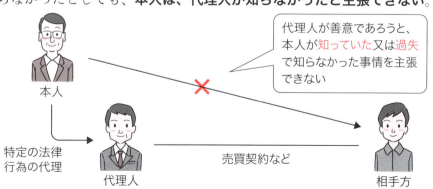

代理人が善意であろうと、本人が知っていた又は過失で知らなかった事情を主張できない

本人

特定の法律行為の代理

代理人　　　　売買契約など　　　　相手方

新設　3　制限行為能力者の代理行為に新設規定あり

　改正民法102条前段は、制限行為能力者の代理行為について、代理人が**制限行為能力者であること**を理由に取り消すことが**できない**とする。

　未成年者等の制限行為能力者を代理人として選び、その未成年者等に代理行為をさせた後になって、本人や代理人が「未成年者の行為だから取り消す！」と言うのはおかしいし、本人がそれでよいと考えた以上、本人に不利益があったといえないからである。

　改正前の民法102条においても、「代理人は、行為能力者であることを要しない。」と規定され、これを改めて明文化したものといえる。

　ただし、**上記の規定は、「制限行為能力者」が「他の制限行為能力者」の「法定代理人として」行った行為**については、**適用されない**との規定が改正民法102条但書に新設された。

　例えば、未成年者Bと、その親であるAがいたとする。そして、Aが認知症を患い、制限行為能力者になってしまったので、BがAの法定代理人となった。Aは、自らの意思でBを法定代理人として選任したわけではないので、Bの代理行為について、後の**取消し**を認めることで、**「他の制限行為能力者」であるAの保護**を図ることができる。

　従来より、同様の解釈もあったが、しっかり規定されたことで問題には出やすくなった部分だ。意識しておこう。

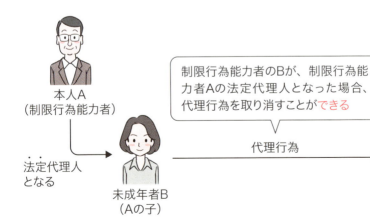

本人A
（制限行為能力者）

法定代理人
となる

未成年者B
（Aの子）

制限行為能力者のBが、制限行為能力者Aの法定代理人となった場合、代理行為を取り消すことができる

代理行為

相手方

削除　**4　復代理人に対する代理人の責任が拡大**

　改正前の民法105条では、**任意代理人が復代理人を選任**した場合、その**復代理人の代理行為**について、**任意代理人が本人に対して負う責任**は、**復代理人の選任・監督責任に限定**されていた。

　つまり、任意代理人は、復代理人をちゃんと選任し、ちゃんと監督を行っていれば、復代理人の行為についての責任を問われなかった。

　しかし、これは任意代理人が「復代理以外」の方法で第三者を用いた場合に、任意代理人の責任が軽減されないことと均衡を欠くため、**当該規定は削除**され、**債務不履行の一般原則**に従うこととなった。

　つまり、**復代理人の代理行為が、債務の本旨に従ったものでないとき**、それが**任意代理人の責めに帰することができる**のならば、復代理人への選任・監督を行っていたとしても、**任意代理人は責任を負う**ことになる。

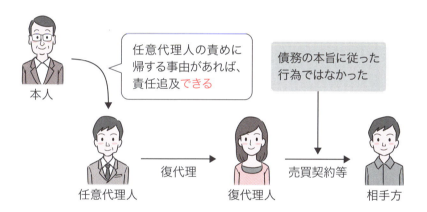

❷
代理行為の瑕疵等が整備！

memo　**債務不履行の成否**については、57ページから解説するが、基本的には、**どんな契約になっていて、それが守られたのか**という視点で検討していく。上記の**復代理人の行為に対する任意代理人の責任についても**、復代理人を選任・監督していたから任意代理人は責任を免れるということではなく、**任意代理人は、本人とどのような契約**を行っていて、**それが守られたのか**、また、**守られなかった場合**、それについて**任意代理人に帰責性があるのか**、という視点で、任意代理人の責任が検討される。

明文化 5　復代理人の権利義務が明文化

　復代理人の権利義務の範囲について、改正前の民法107条2項は、「復代理人は、本人及び第三者に対して、代理人と同一の権利を有し、義務を負う。」と規定していた。

　しかし、復代理人の有する権利義務の範囲は、必ずしも代理人の権利義務の範囲と同一ではない。

　そこで、**改正民法106条2項**は、「**復代理人は、本人及び第三者に対して、その権限の範囲内において、代理人と同一の権利を有し、義務を負う。**」と規定した。ここも試験対策上は気にする必要はなかろう。

■ 過去問の確認と予想問題

 過去問　平成24年度　問題28

> 代理人と使者の違いに関する次の記述のうち、民法の規定および判例に照らし、妥当なものはどれか。
>
> 3　代理人は本人のために自ら法律行為を行うのであるから、代理行為の瑕疵は、代理人について決するが、使者は本人の行う法律行為を完成させるために本人の完了した意思決定を相手方に伝達するにすぎないから、当該意思表示の瑕疵は、本人について決する。

〔解説〕　改正前 ○　→改正後 ○

　代理行為の瑕疵について、改正前の民法101条1項は、意思表示の効力が意思の不存在、詐欺、強迫又はある事情を知っていたこと若しくは知らなかったことにつき過失があったことによって影響を受けるべき場合には、その事実の有無は、**代理人**について決するものとすると規定していた。この点、改正民法101条は、能動代理に関して同条1項が、受動代理に関しては同条2項が、**改正前の民法101条1項と同様の規律**を規定している。したがって、設問前段は改正の前後に関わりなく妥当である。

　一方、使者とは、他人が決定した法律行為を単に伝達または伝達を完

成する者をいう。したがって、後段も改正の前後に関わりなく妥当である。

予想問題

> Aは不動産の売却を妻の父であるBに委託し、売却に関する代理権をBに付与した。この場合に関する次の記述のうち、民法の規定によれば、正しいものはどれか。
>
> Bが、Bの友人Cを復代理人として選任することにつき、Aの許諾を得たときは、Bはその選任及び監督に関してのみ、Aに対して責任を負う。

〔解説〕　✕

　本問において、本人はA、任意代理人はB、復代理人はCである。

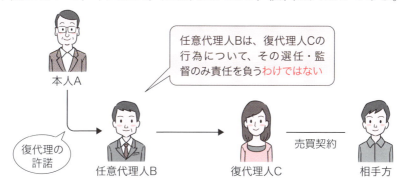

　改正前は、復代理人を選任した任意代理人が、本人に対して負う責任は、選任・監督責任に限定されていたので、改正前の民法の規定を基準に考えれば正しい記述となる。

　しかし、**改正民法**において、**当該規定は削除**され、任意代理人Bは、復代理人Cの選任及び監督に関してのみ、本人Aに対して責任を負う**わけではない**ため、**誤り**となる。

　たとえ任意代理人Bが、本人Aに復代理人の選任について許諾を得ていたとしても、また、任意代理人Bの復代理人Cに対する選任と監督に過失がなかったとしても、**復代理人Cの行為が債務不履行**となり、**任意代理人Bにその帰責性**が認められれば、**任意代理人Bは、復代理人Cの行為について、本人Aに対して責任を負う**こととなる。

3 代理権の濫用、各種表見代理規定が整理と明文化！

出題可能性　★★★

改正のポイント！

改正前	改正後
規定なし	➡以下の判例理論の趣旨が明文化された ・「代理権の濫用」について明文化。相手方がその目的を知り、又は知ることができたとき、その行為は無権代理行為とみなされる
自己契約及び双方代理は、原則として、禁止（判例により、無権代理行為とされていた）	➡自己契約及び双方代理は、原則として、無権代理行為とみなされる
一般的な規定なし	➡利益相反行為は、本人があらかじめ許諾したもの以外は、無権代理行為とみなされる
規定なし	➡表見代理規定の重畳適用について、明文化
無権代理人の責任が認められるためには、相手方の善意・無過失が必要	➡無権代理人の責任について、相手方に過失がある場合でも、無権代理人が、代理権がないことを知っていた場合は成立する

■ 改正点の解説

新設　1　「代理権の濫用」が無権代理行為に

「代理権の濫用」とは、代理人が、自己又は第三者の利益を図るために、本来の権限の範囲内の行為を行うことである。代理人は与えられた権限内の行為を行っているが、「本人」の利益を図っていない点で問題となる。

改正前の民法では、**代理権の濫用に関する規定が置かれていなかった**が、**判例（最判昭42.4.20）**は、相手方が代理人の意図を知り、又は知ることができた場合に限り、改正前の民法93条但書の規定を類推適用して、**その行為の効力は本人には及ばない**としていた。

この判例を踏まえ、**改正民法107条**は、**代理人**が、**自己又は第三者の利益を図る目的**で、**代理権の範囲内の行為**をした場合において、**相手方がその目的を知り、又は知ることができた**ときは、その行為は、**代理権を有しない者がした行為（＝無権代理行為）とみなす**と規定している。

ここで注意すべきことは、上記判例では、改正前の民法93条但書を類推適用するため、当該行為は無効とされ、原則として、追認はできなかった。しかし、改正民法では、**無権代理**行為とみなされるため、**本人の追認の余地がある**。

さらに、**代理権の濫用をした代理人は、無権代理人**となるため、**無権代理人の責任（改正民法117条）を負う場合がある**点も押さえておきたい。

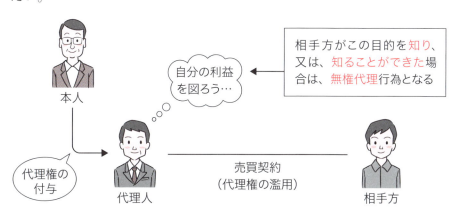

2　自己契約、双方代理等の規定の整備

　改正前の民法108条では、本人の利益が害される可能性が高いことを理由に、自己契約及び双方代理は、原則として、禁止されていた。

　また、判例（最判昭47.4.4）は、当該禁止規定に違反してなされた行為は、原則として、無権代理行為に当たるとしていた。

　そこで、改正民法108条1項は、当該判例を踏まえ、**自己契約及び双方代理**は、原則として、**無権代理行為とみなされる旨を明文化**している。

〔自己契約の例〕

本人
（売主）

代理人自らが、契約の相手方となる

原則、無権代理となる

代理人
（買主にもなる）

　また、上記の自己契約及び双方代理には、直接的には当たらないものの、代理人自身の利益と本人の利益が相反する場合がある。このような**利益相反行為の効力**について、改正前においても一部で規定はあったものの（改正前民法826条など）、一般的な規定がなかったため、自己契約等の禁止の趣旨に準じて、効力を否定した判例（大判昭7.6.6）もあった。

　そこで、改正民法108条2項は、自己契約及び双方代理以外の**利益相反行為**に関しても、**本人があらかじめ許諾したもの以外**については、**無権代理行為**とみなされる旨を規定している。

〔利益相反行為の例〕

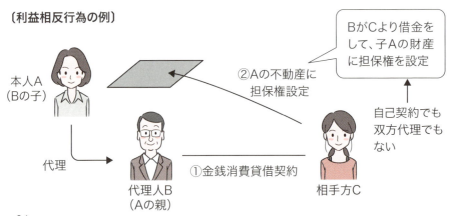

本人A
（Bの子）

代理

代理人B
（Aの親）

①金銭消費貸借契約

相手方C

②Aの不動産に担保権設定

BがCより借金をして、子Aの財産に担保権を設定

自己契約でも双方代理でもない

明文化　**3　表見代理規定の重畳適用が明文化された**

　表見代理に関して、2つの表見代理規定が適用されうる場合、つまり、①代理権授与の表示はされたものの代理権を有しない者が、表示された代理権の範囲外の行為をした場合や、②代理人であった者が、代理権消滅後に、過去に有していた代理権の範囲外の行為をした場合について、従来は規定がなかった。

　ただし、判例（①につき最判昭45.7.28、②につき最判昭32.11.29）は、各表見代理規定を重畳的に適用できるとしていたところ、**改正民法**は、**表見代理について定めた各規定を重畳的に適用**して、**本人がその責任を負う旨を明文化**した（改正民法109条2項、112条2項）。

　この点について、従来から実質的な内容の変更はないため、試験対策上、気にする必要はない。

変更　**4　代理権消滅後の表見代理の「善意」の意味**

　いわゆる**代理権消滅後の表見代理**について、改正前の民法112条本文は、「代理権の消滅は、善意の第三者に対抗することができない。」と規定していたが、この**「善意」の意味**については争いがあった。

　この争いを解消するべく、**改正民法112条1項本文は、他人に代理権を与えた者（本人）は、代理権の消滅後**、その代理権の範囲内において表見代理人が第三者との間でした行為について、**「代理権の消滅の事実」を知らなかった第三者**に対しては、**責任を負う**と規定した。

　つまり、第三者（取引の相手方）が保護され、本人に契約の履行を求めるためには、第三者（取引の相手方）において、確かに以前は代理権があったが、今は消滅している、という消滅の事実を知らなかったことが必要となる。

変更　**5　相手方に過失があっても、無権代理人の責任が認められる**

　原則として、**無権代理人の責任（履行か損害賠償請求）が認められる**ためには、**無権代理人が代理権を有しない**ことについて、相手方の**善意・無過失**が必要とされる。改正前後で変わりはない。

　この点、改正民法117条2項2号但書は、無権代理人が代理権を有し

ないことについて、**相手方が過失によって知らなかった**ときであっても、**無権代理人**が自己に代理権がないことを**知っていた**ときには、**無権代理人は責任を負う**とした。

つまり、**無権代理人が責任追及されるケースが拡大**した。この点は、事例問題等で出題されやすいので、注意しておこう。

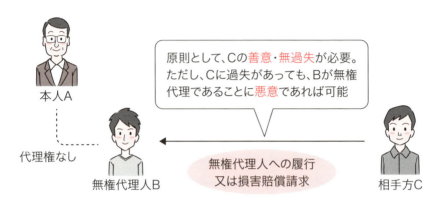

原則として、Cの善意・無過失が必要。ただし、Cに過失があっても、Bが無権代理であることに悪意であれば可能

本人A

代理権なし

無権代理人B

無権代理人への履行又は損害賠償請求

相手方C

予想問題

では、関連する予想問題を確認してみよう。

予想問題

買主Aが、Bの代理人Cとの間でB所有の甲地の売買契約を締結する場合に関する次の記述のうち、民法の規定によれば、正しいものはどれか。

Bが従前Cに与えていた代理権が消滅した後であっても、Aが代理権の消滅について善意無過失であれば、当該売買契約によりAは甲地を取得することができる。

〔解説〕　○

本問は、改正の前後を問わず、**正しい**。いわゆる代理権消滅後の表見代理について、**本人**は「**代理権の消滅の事実**」を知らなかった第三者に対しては、**責任を負う**と規定されている（改正民法112条1項）。

予想問題

❸ 代理権の濫用が明文化！など

> **代理に関する次の記述のうち、民法の規定及び判例によれば、誤っているものはどれか。**
>
> 不動産の売買契約に関して、同一人物が売主及び買主の双方の代理人となった場合には、原則として、無権代理行為とみなされる。

〔解説〕 ○

改正民法108条1項は、自己契約及び双方代理は、原則として、**無権代理**行為とみなされる旨を明文化している。

〔双方代理の例〕

売主・買主双方の代理人となる

売主　　　　　代理人　　　　　買主

 予想問題

> **AはBの代理人として、B所有の甲土地をCに売り渡す売買契約をCと締結した。しかし、Aは甲土地を売り渡す代理権は有していなかった。この場合に関する次の記述のうち、民法の規定及び判例によれば、誤っているものはどれか。**
>
> Bが本件売買契約を追認しない場合、AはCの選択に従い、Cに対して契約履行又は損害賠償の責任を負う。ただし、Cが契約時において、Aに甲土地を売り渡す代理権がないことを過失により知らなかった場合、Aが責任を負うことはない。

〔解説〕 ✕

相手方Cが、無権代理人の責任を追及するためには、無権代理人Aに代理権がないことについて**善意・無過失**が必要である。

しかし、相手方Cに過失があった場合であっても、無権代理人Aが自らに**代理権がない**ことを**知っていた**場合は、責任追及できる（改正民法117条2項2号但書）ため、Aが責任を負うことは**ある**。

4 時効の中断と停止が「更新」と「完成猶予」に！

出題可能性 ★★

改正のポイント！

改正前	改正後
時効の完成は、援用をしなければならない	➡️**実質的な変更はない** ➡️**消滅時効**の援用権者に「権利の消滅について**正当な利益**を有する者」が含まれることが明記され、援用権者に、**保証人、物上保証人、第三取得者**が例示された
時効の「中断」	➡️時効の「**更新**」に変更
時効の「停止」	➡️時効の「**完成猶予**」に変更 ➡️時効の完成猶予事由及び更新事由が見直された ➡️「**協議**を行う旨の**合意**による時効の完成猶予」の規定が**新設**
天災等による時効の停止期間は、障害消滅時から2週間	➡️天災等による時効の完成猶予期間は、障害消滅時から**3か月**に延長

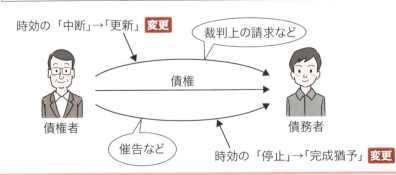

時効の「中断」→「更新」 **変更**

裁判上の請求など

債権

債権者

債務者

催告など

時効の「停止」→「完成猶予」 **変更**

■ 改正点の解説

明文化　1　消滅時効の援用権者に関する規定が整備された

　改正前の民法145条は、「時効は、当事者が援用しなければ、裁判所がこれによって裁判をすることができない。」と規定していた。この「当事者」の意味について、判例（大判明43.1.25等）は、時効の完成によって「直接に利益を受ける者」が該当するとし、具体的には、**消滅時効の援用をしようとする債権の債務者、保証人、物上保証人（最判昭43.9.26）、第三取得者（最判昭48.12.14）**等である。

　しかし、こうした判例の基準について、条文からは読み取れないため、**上記の者が**消滅**時効の援用権者**である「当事者」に含まれることを**明確**にする改正が行われた。

　また、判例の示した「直接に利益を受ける者」について、「直接」「間接」という判断基準が機能していないとの批判も受けて、**改正民法145条**は、**「権利の消滅について**正当な利益**を有する者」**が消滅**時効の援用権者**である「当事者」に含まれることを**明示**するとともに、当事者に含まれることに異論のない保証人、物上保証人及び第三取得者を例示している。

　条文自体が問われるケースは別として、**実質的な変更はない**ので、試験対策上は気にする必要はなかろう。

変更　2　時効の「中断」「停止」を「更新」「完成猶予」に再構成

　改正前の民法下において、時効の**「中断」**は、原則として、それまでに**進行した時効期間の進行を止めて振出しに戻し、再びゼロからスタート**させることであり、時効の**「停止」**は、**一定期間時効の完成を猶予（ストップ）**することを意味する用語であった。

　しかし、時効の「中断」事由とされるものには、時効の完成を猶予させる効果のみを持つものがあるなど（例：催告）、用語からは効果が判断しづらく、誤解を招く可能性があった。

　そこで、改正民法では、**時効の「更新」及び「完成猶予」**という用語を使い、用語からその効果を導きやすくしている。

「更新」は、改正前における時効の「中断」に相当するもの、「完成猶予」は、改正前における時効の「停止」に相当するものである。

▶用語の変更イメージ

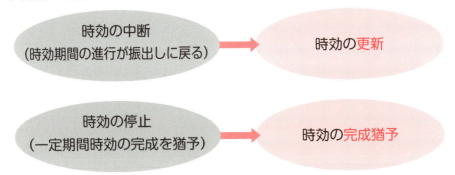

変更　3　「完成猶予」→「更新」は、段階を経る！

　上記用語の見直しに伴い、時効の更新及び完成猶予の事由についても見直しがされている。そして、改正前の民法では、割と「〇〇は中断！」、「△△は停止！」と画一的に決まっていたが、改正後は基本的に、**「完成猶予→更新」という段階を経て、時効の更新に至る。**主な完成猶予と更新の事由は次のとおりだ。

▶主な時効の「完成猶予→更新」の事由

[改正民法147条1項]　下記事由が終了するまでの間が猶予
　①裁判上の請求　　②支払督促
　③訴え提起前の和解・民事調停・家事調停
　④破産手続参加・再生手続参加・更生手続参加
➡上記①～④の場合において、確定判決又は確定判決と同一の効力を有するものによって**権利が確定**したときは、①～④の事由が終了した時に、**時効が更新**される。
➡確定判決又は確定判決と同一の効力を有するものによって**権利が確定する**ことなく、これらの事由が終了した場合は、その**終了の時から6か月を経過**するまで、時効の完成が猶予される。

[改正民法148条]

下記のいずれかがあった場合、**これらの事由が終了**するまでの間、時効の完成**が猶予**され、これらの事由が終了した時に、**時効が更新**される。

　　①強制執行　　②担保権の実行

　　③形式競売　　④財産開示手続

➡申立ての取下げ又は法律の規定に従わないことによる取消しでこれらの事由が終了した場合、時効は更新されず、その終了時から6か月を経過するまでの間、時効の完成が猶予されるにとどまる。

[改正民法149条]　　下記事由の終了時から **6か月** を経過するまでの間が **猶予**

　　①**仮差押え**　　②**仮処分**

改正前の民法では、これらは時効の中断事由だったので注意。

[改正民法150条]

催告があった場合、**その時から6か月**を経過するまでの間、時効の完成が**猶予**される。ただし、催告により完成が猶予されている間にされた**再度の催告**は、**時効の完成猶予の効力を有しない**（大判大8.6.30を踏まえた規定）。

➡改正前の民法153条と、実質的な変更はない。

[改正民法151条]

権利についての**協議**を行う旨の**合意**が**書面**又は**電磁的記録**でされたときは、時効の完成が**猶予**される。

➡下の4を参照。

[改正民法152条]　　権利の**承認**があった場合は、**時効が更新**される。

新設　4　協議を行う旨の合意による時効の完成猶予

　改正前の民法では、当事者が紛争解決のために協議を継続していても、時効の完成が迫ると、時効の完成を阻止するために訴訟の提起や調停の申立てを行う必要があり、これが紛争解決の障害となることがあった。

　そこで、改正民法151条は、権利についての**協議を行う旨の合意が書面又は電磁的記録でされたとき**は、所定の期間、時効の完成が猶予される旨の規定を新設した。

また、時効の完成が猶予されている間にされた**再度の合意**も、時効の完成猶予の効力を有する。ただし、その効力は、**本来の時効が完成すべき時から通算して5年を超えることができない**（改正民法151条2項）。

ちなみに、「**裁判外**」の請求など、**催告によって時効の完成が猶予されている間にされた合意**は、時効の完成猶予の効力を有しない。また、**時効の完成が猶予されている間にされた催告**についても、時効の完成猶予の効力を有しない（同条3項）。

変更 5 天災等による時効の完成猶予の期間を変更

改正前の民法161条は、時効期間の満了時に、天災等の避けることのできない事由で時効を中断できないとき、その障害が消滅した時から2週間を経過するまでの間、時効は完成しないと規定していた。しかし、大規模災害等を想定すると、「2週間」という期間はかなり短い。

そこで、**改正民法161条**は、「時効の期間の満了の時に当たり、**天災その他避けることのできない事変**のため第147条第1項各号又は第148条第1項各号に掲げる事由に係る**手続を行うことができない**ときは、その障害が消滅した時から3か月を経過するまでの間は、時効は、完成しない。」と規定している。

▌ 過去問の確認と予想問題

 過去問 平成28年度 問題27

> AのBに対する甲債権につき消滅時効が完成した場合における時効の援用権者に関する次のア～オの記述のうち、民法の規定および判例に照らし、誤っているものの組合せはどれか。
>
> ア Aが甲債権の担保としてC所有の不動産に抵当権を有している場合、物上保証人Cは、Aに対して債務を負っていないが、甲債権が消滅すれば同不動産の処分を免れる地位にあるため、甲債権につき消滅時効を援用することができる。

❹ 時効の中断と停止が「更新」と「完成猶予」に！

〔解説〕　改正前 ○　→改正後 ○

　大判明43.1.25によれば、時効の援用権者とは、**時効の完成により直接に利益を受ける者**をいうと判示している。また、最判昭43.9.26は、他人の債務のために自己の所有物件に抵当権を設定した者は、右債務の**消滅時効**を**援用**することができると判示している。**改正民法145条**は、このような判例法理を明文化し、消滅時効にあっては**保証人**、**物上保証人**、**第三取得者**その他権利の消滅について**正当な利益**を有する者とした。

 過去問　平成22年　問題28改題

時効の更新の効力に関する次の記述のうち、民法の規定および判例に照らし、誤っているものはどれか。

2　物上保証人Aに対する抵当権の実行により、競売裁判所が競売開始決定をし、これを債務者Bに通知した場合には、被担保債権についての消滅時効は更新される。

〔解説〕　改正前 ○　→改正後 ○

　最判昭50.11.21は、物上保証人に対する抵当権の実行により、競売裁判所が競売開始決定をし、これを債務者に告知した場合には、被担保債権についての消滅時効は**中断**する（＝更新される）と判示している。

　一方、**改正民法154条**は、担保権の実行に係る手続は、時効の利益を受ける者に対してしないときは、**その者に通知をした後でなければ**、時効の完成猶予又は更新の効力を**生じない**と規定している。

　したがって、物上保証人Aに対する抵当権の実行であっても、債務者Bに通知された場合には、被担保債権についての消滅時効は**更新される**。

 予想問題

> **時効の完成に関する次の記述のうち、民法の規定及び判例によれば、正しいものはどれか。**
>
> 債務者Aの債権者Bに対する債務の時効期間の満了の時に当たり、天災等により時効を更新することができないときは、天災等の障害が消滅した時から2週間が経過するまでの間は、時効は完成しない。

〔解説〕　×

　　改正前の民法161条は、天災その他避けることのできない事由で**時効を中断**（＝更新）できないときは、**その障害が消滅した時から2週間を経過するまでの間は、時効は完成しない**と規定していた。よって、改正前の民法では本問は正しい。

　　しかし、**改正民法161条**は、この期間を**3か月**に延長したため、**現在では、誤り**となる。

 予想問題

> **時効の援用に関する次の記述のうち、民法の規定及び判例によれば、誤っているものはどれか。**
>
> 債権に対する仮差押えがあった場合、当該債権の時効は更新される。

〔解説〕　×

　　仮差押えには、**時効の完成を猶予**する効果はあるが、**時効を更新する効果はない**。これは「**仮処分**」も同じである（改正民法149条）。

　　ちなみに、改正前の民法147条では、「請求」、「差押え、仮差押え又は仮処分」「承認」により時効は中断する（＝更新される）とされていた。**改正による変更点**であり、出題可能性がある。

第1章　令和2年度試験からの出題範囲　　改正166〜169条、724条等（民法総則、債権各論）

5 消滅時効の起算点に、主観的起算点が追加！

出題可能性　★★★

👉改正のポイント！

改正前	改正後
運送賃に係る債権など、一定の債権には短期消滅時効が規定されていた	➡短期消滅時効の特例規定が削除された
債権は10年間行使しない時に消滅時効が完成	➡加えて、**債権者が債権を行使できることを知った時から5年間行使しない時**にも、**消滅時効が完成**する規定が**追加**された
人の生命・身体の侵害による損害賠償請求権は、債務不履行に基づくものは、権利を行使することができる時から10年、不法行為に基づくものは、被害者又はその法定代理人が損害及び加害者を知った時から3年で時効消滅する	➡**人の生命・身体の侵害による損害賠償請求権**は、**債務不履行**に基づくものは、**権利を行使することができる時から20年**、**不法行為**に基づくものは、被害者又はその法定代理人が**損害及び加害者**を**知った**時**から5年**で時効消滅すると**変更**された

変更 権利行使できる時から20年で消滅
↓
債務不履行の損賠賠償請求権

債権者
（被害者）

債務者
（加害者）

不法行為の損害賠償請求権

生命・身体の
侵害を受ける

変更 損害及び加害者を知った時から5年で消滅

改正点の解説

削除 1　短期消滅時効の特例規定が削除された

　改正前の民法170条〜174条では、一定の債権について、時効期間を1年〜3年とする職業別の短期消滅時効の特例が設けられていた。しかし、現代社会は取引が多様化し、この特例の適用を受ける債権といえるかどうかの判断が難しいものが出現する問題等が生じていた。

　そこで、**改正民法**は、これらの**職業別の短期消滅時効の特例規定を削除**している。ただし、これらの規定は従来から出題されていなかったので、試験対策上は気にする必要はない。

▶**削除された主な短期消滅時効の特例**

〔3年の短期消滅時効〕
①医師、助産師又は薬剤師の診療、助産又は調剤に関する債権
②工事の設計、施工又は監理を業とする者の工事に関する債権

〔2年の短期消滅時効〕
①弁護士、弁護士法人又は公証人の職務に関する債権
②生産者、卸売商人又は小売商人が売却した産物又は商品の代価に係る債権
③自己の技能を用い、注文を受けて、物を製作し又は自己の仕事場で他人のために仕事をすることを業とする者の仕事に関する債権
④学芸又は技能の教育を行う者が生徒の教育、衣食又は寄宿の代価について有する債権

〔1年の短期消滅時効〕
①月又はこれより短い時期によって定めた使用人の給料に係る債権
②自己の労力の提供又は演芸を業とする者の報酬又はその供給した物の代価に係る債権
③運送賃に係る債権
④旅館、料理店、飲食店、貸席又は娯楽場の宿泊料、飲食料、席料、入場料、消費物の代価又は立替金に係る債権
⑤動産の損料に係る債権

変更　**2　消滅時効に関して、主観的な起算点が追加！**

　改正前後にかかわらず、**消滅時効**は、権利を行使することができる時から進行するとされる。そして、改正前の民法では、原則として、債権は10年間行使しない時、債権又は所有権以外の財産権は、20年間行使しないときに消滅するとされていた。

　この点、改正民法166条1項は、①債権者が権利を行使することができることを知った時から5年間行使しないとき、また、②権利を行使することができる時から10年間行使しないときの、いずれかが完成した場合には、時効により債権が消滅するとした。

　①は新たに追加された「主観的起算点」からの消滅時効期間である。そして、②は改正前の民法にも規定されていた「客観的起算点」からの消滅時効期間である。

　なお、厚生労働省の資料によれば、主観的起算点からの消滅時効期間は、権利行使を期待されてもやむを得ない程度に権利の発生原因等を認識していること、具体的には、権利の発生原因についての認識と、権利行使の相手方である債務者を認識することの双方が満たされた時点から、その進行を開始するとされている。

変更　**3　「定期金債権」及び「定期給付債権」の消滅時効に関する規定も見直された**

　改正民法では、**定期金債権（例：年金、地代等）**についても、客観的起算点からの消滅時効期間に加えて、**主観的起算点からの消滅時効期間を設けた**（改正民法168条1項）。

　具体的には、債権者が定期金の債権から生ずる金銭その他の物の給付を目的とする**各債権を行使することができることを知った時から10年間**行使しないとき、また、**これらの債権を行使することができる時から20年間**行使しないときの2つである。

　なお、改正前の民法168条1項後段（定期金債権について、最後の弁済期から10年間行使しないときも消滅）などの規定が、改正民法においては削除されている。この辺の出題可能性は低いので、試験対策上は気にする必要がない。

改正前の民法では、債務不履行に基づく損害賠償請求権は「債権」であるため、権利を行使することができる時から10年間を経過したときに時効により消滅するとされていた。

また、不法行為による損害賠償請求権は、被害者又はその法定代理人が損害及び加害者を知った時から3年間行使しないときは時効により、又は、不法行為の時から20年を経過したときは除斥期間により消滅するとされていた。

しかし、**人の生命や身体に関する利益**は、財産的な利益等と比べて**保護すべき度合いが強い。**

そこで、改正民法167条では、**人の生命・身体の侵害による損害賠償請求権の時効期間**について、それが**債務不履行に基づくもの**である場合は、**権利を行使することができる時から「20年」**へと伸長し、また、同法724条の2では、**不法行為に基づくもの**である場合には、**被害者又はその法定代理人が損害及び加害者を知った時から「5年」**へと伸長している。

ゴロ合わせ！ ▶人の生命・身体の侵害による損害賠償請求権の消滅時効期間

離婚後二重に
（債務不履行なら20年）

不本意GO！
（不法行為なら5年）

攻める新体操かい？
（生命・身体の損害）

ここは改正点ではないが、**不法行為に基づく損害賠償請求権の消滅時効の起算点**については、**被害者等が損害「及び」加害者の双方を知った時から**…という点も絶対に押さえておくこと。

　ちなみに、**改正前の民法724条後段の「不法行為の時から20年」**という期間について、**判例（最判平元.12.21）は「除斥期間」**を定めたものであるとしていた。

　除斥期間は、消滅時効期間と異なり、原則として、①時効の中断や停止の規定の適用がないため、期間経過による権利消滅を阻止できず、また、②除斥期間の適用に対して、信義則違反や権利濫用に当たるとの主張ができないと解されていた。

　そのため、長期間にわたって、加害者に対する損害賠償請求ができなかった場合、やむを得ない事情があった場合でも、被害者の救済を図ることができないおそれがあった。

　そこで、**改正民法724条**では、**不法行為に関する当該期間を除斥期間ではなく、消滅時効期間**としている。これにより**当該期間についても、時効の更新・完成猶予の規定が適用**され、**被害者は**加害者に対して、損害賠償請求権の**時効による消滅を防ぐための措置をとることが可能**になる。また、消滅時効期間の経過により権利が消滅したという主張が加害者側からされたとしても、裁判所は、個別の事案における具体的な事情に応じて、加害者側からの時効の援用の主張が信義則違反や権利濫用に当たると判断することが可能になり、被害者救済の余地が広がる。

用語　除斥期間

　除斥期間とは、**一定期間権利を行使しない**ことにより、その**権利を失うことになる期間**のことである。消滅時効と類似するが、以下の4点において、消滅時効とは異なる性質を持つ。

　①援用が不要

　②遡及効がない

　③更新や完成猶予の規定が適用されない

　④起算点が権利発生時

　試験対策上、この4点まで覚える必要はなさそうだが、**①〜④の文字**をとると「塩（**援用**）素（**遡及効**）の効果（**更新**、**完成猶予**）が**発生**」となる。このゴロ合わせで覚えてしまってもよいだろう。

▶消滅時効の起算点と期間

権利	起算点	期間
①債務不履行に基づく損害賠償請求権	権利を行使することができることを知った時から 権利を行使することができる時から	► 5年 ► 10年
②不法行為に基づく損害賠償請求	損害及び加害者を知った時から 不法行為時から	► 3年 20年
③生命・身体の侵害による損害賠償請求（①・②の特則）	損害及び加害者を知った時から 権利を行使することできる時から	► 5年 ► 20年
④相続回復請求権	時効：相続権の侵害事実を知った時から 除斥：相続開始の時から	► 5年 ► 20年
⑤売買の契約不適合責任に基づく、買主の損害賠償請求	目的物の引渡後、買主が不適合を知った時から	原則として1年以内に通知する※
⑥請負人の担保責任に基づく注文者の損害賠償請求	注文者がその不適合を知った時から	原則として、1年以内に通知する※

※通知により権利が保存された後の損害賠償請求権は、①の一般原則に従う。また、「**数量不足**」については、当初から①に従う。

過去問の確認と予想問題

 過去問　平成24年度　問題34

不法行為に基づく損害賠償に関する次のア～オの記述のうち、民法の規定および判例に照らし、妥当なものの組合せはどれか。

オ　Aの運転する自動車がAの前方不注意によりBの運転する自動車に追突してBを負傷させ損害を生じさせた。BのAに対する損害賠償請求権は、Bの負傷の程度にかかわりなく、また、症状について現実に認識できなくても、事故に

より直ちに発生し、3年で消滅時効にかかる。

❺ 消滅時効の起算点に、主観的起算点が追加！

〔解説〕　改正前 × 　→改正後 ×

　不法行為によって受傷した被害者が、**相当期間経過後に**、受傷当時には医学的に通常予想しえなかった治療が必要となり、右治療のため費用を支出することを余儀なくされるにいたった場合、後日その治療を受けるまでは、右治療に要した費用について**消滅時効は進行しない**（最判昭42.7.18）。したがって、「症状について現実に認識できなくても」消滅時効にかかるとしている点が改正の前後を通じて妥当ではない。

　また、改正民法724条の2によれば、**人の生命又は身体を害する不法行為による損害賠償請求権**は、被害者又はその法定代理人が損害及び加害者を知った時から**5年間**行使しないときは、時効によって消滅する。

 過去問　平成29年度　問題46改題

人の生命又は身体を害する不法行為による損害賠償請求権は、被害者またはその法定代理人が、いつの時点から何年間行使しないときに消滅するかについて、民法が規定する2つの場合を、40字程度で記述しなさい。

〔解答例〕（43字）

損	害	お	よ	び	加	害	者	を	知	っ	た	時	か	ら
5	年	間	、	ま	た	は	不	法	行	為	の	時	か	ら
2	0	年	間	、	行	使	し	な	い	と	き	。		

		配点事項	配点
☐	①	起算点（損害及び加害者を知った時から）	6点
☐	②	期間（5年間）	6点
☐	③	起算点（不法行為の時から）	4点
☐	④	期間（20年間）	4点

〔解説〕

改正前の民法724条は、不法行為に基づく損害賠償の請求権は、①被害者又はその法定代理人が、**損害及び加害者を知った時**から、**3年間**行使しないときは、時効によって消滅する。また、②不法行為の時から、20年間行使経過したときも同様とすると規定していた。

一方、**改正民法724条**は、②の20年間は除斥期間ではなく、消滅時効の期間であることを明確化したうえで、**同法724条の2**は、人の生命や身体を害する不法行為の場合に、①の3年間を**5年間**に延長している。

改正前の民法と異なる点（①**損害及び加害者を知った時**から、**5年間行使しないとき**）が重要である。そのため、本問では、傾斜配点としている。

 予想問題

時効に関する次の記述のうち、民法の規定及び判例によれば、誤っているものはどれか。

Aが、Bに対して有する債権を行使できることを知ってから、9年間行使していない場合、Aの当該債権の消滅時効は完成している。

〔解説〕　○

改正前の民法に基づけば、本問Aの債権の消滅時効は完成していない。しかし、**改正民法166条1項1号**は、**債権者が権利を行使**することが**できることを知った時から5年間行使しない**ときにも消滅時効が完成するとしているので、本問Aの債権の消滅時効は完成**している**。

ONE POINT!! ちょこっとコメント

　いくつかの分け方はあるが、**民法の規定を分類**すると**「民法総則」**（意思表示規定、代理、時効など）、**「物権」**（所有権、用益物権、担保物権など）、**「債権総則」**（債務不履行、保証、連帯債務など）、**「債権各論」**（売買、賃貸借などの各種契約、不法行為など）、**「親族」**、**「相続」**という分野に分けることができる。そして、**前ページまでは「民法総則」**分野の主な改正点を確認してきた。

　この順序で行けば、次は「物権」分野の改正点の紹介となるが、**「物権」**の分野、つまり、**所有権や占有権、地役権や地上権**といった**用益物権、抵当権や質権などの担保物権の規定**については、本書で紹介するほどの**改正点はない**。

　もちろん、他分野の改正の影響を受けての改正点はあるが、**実質的**には、また、少なくとも**試験対策上は変更ない**ものと考えていてよいレベルの改正点ばかりだ。

　なお、他分野の改正の影響を受けての改正点の例としては、**地役権**について、改正前の民法284条2項は**「共有者に対する時効の中断**は、地役権を行使する**各共有者に対してしなければ、その効力を生じない。」**と規定していたが、「時効の中断」という用語がなくなるので、この「時効の中断」という部分が、**「時効の更新」という用語に変更**される、といったものである。

　必ずしもこのような単純な用語の変更のみではないが、結果として、試験対策上は気にする必要はないので、すでに民法を学習したことのある受験生は、**「物権」の分野**については、**従来どおりの知識で試験に臨んで問題ない**であろう。

6 履行不能の規定が新設！受領遅滞の効果が明文化！

出題可能性　★★

改正のポイント！

改正前	改正後
不確定期限が付いている債務について、債務者が「期限の到来を知った時」から履行遅滞の責任を負う	➡期限到来後に「履行の請求を受けた時」又は債務者が「期限の到来を知った時」のいずれか早い時から履行遅滞の責任を負うことと変更された
履行不能については、原則的な規定なし	➡履行不能に関する判例理論が明文化された（従来の解釈に変更はなし）
原始的不能な契約について、債務不履行に基づく損害賠償請求ができるかの規定なし（判例は否定の方向）	➡原始的不能な契約について、債務不履行に基づく損害賠償請求ができるとする規定が新設された
受領遅滞の効果について、具体的な規定なし	➡受領遅滞の効果に関する規定が明文化された（従来の解釈に変更はなし）

原始的に履行不能な売買契約

売主　　　　　　　　　　　　　　　　　買主

新設 債務不履行に基づく損害賠償請求ができる

■ 改正点の解説

変更 1 不確定期限到来後に「履行の請求」を受けた時から履行遅滞の責任を負う旨が追加された

「不確定期限」とは、例えば、「父の死亡後1か月で引き渡す」など、**期限が到来**することは**確実**だが、それが**いつになるのかがわからない期限**のことである。この**不確定期限のある債務が履行遅滞となる時期**について、改正前の民法412条2項では、債務者が、その期限の到来したことを知った時から遅滞の責任を負うと規定されていた。

　この点、改正民法412条2項では、これまでの一般的な解釈に従い、債務の履行について不確定期限があるときは、**債務者は、その期限の到来した後に、履行の請求**を受けた時又はその**期限の到来**したことを**知った時**の**いずれか早い**時から遅滞の責任を負うと規定している。

明文化 2 履行不能に関する規定が明文化された

　「履行不能」とは、文字どおり、債務を履行することができない状態のことである。改正前の民法では、履行不能に関する規定が明示されていなかったが、従来の一般的な解釈や判例に従い、改正民法412条の2第1項は、**債務の履行が契約その他の債務の発生原因及び取引上の社会通念に照らして不能**であるときは、債権者は、その債務の履行を請求することができない旨を明示している。履行不能の概念等について、実質的な変更はない。

新設 3 原始的不能の場合でも損害賠償請求できる旨の規定が新設された

　存在しない絵画の売買契約を結ぶなど、債務の履行が原始的に不能である場合、債権者が債務不履行に基づく損害賠償請求をすることができるかについて、改正前の民法には、明文の規定がなかった。

　この点、判例（最判昭25.10.26）は傍論において、「一般に契約の履行がその契約締結の当初において客観的に不能であれば、その契約は不可能な事項を目的とするものとして無効」と判示し、この考えに従えば、

原始的不能の場合は、契約そのものが無効であるため、債務不履行となる余地がなく、債務不履行に基づく損害賠償請求はできない。

　しかし、履行不能となったのが契約成立の前か後かは、偶然やわずかな時間差によって左右されることが多いと考えられるため、債権者の救済を図る点において、アンバランスな結果を招きかねない。

　そこで、改正民法412条の2第2項では、**契約に基づく債務の履行が原始的不能**の場合であっても、**債務不履行に基づく損害賠償請求をすることが**できることとした。

`明文化` 4　受領遅滞の効果を明文化

　受領遅滞について、改正前の民法413条では「債権者が債務の履行を受けることを拒み、又は受けることができないときは、その債権者は、履行の提供があった時から遅滞の責任を負う。」とするのみで、どのような責任を負うのかの規定がなかった。そこで、改正民法では、従来の判例（最判昭40.12.3）や通説に従い、**受領遅滞の効果を明文化**している。従来の解釈からの変更はないので、試験対策上は気にする必要がなかろう。

▶**主な受領遅滞の効果の内容（改正民法413条、413条の2）**

> 債権者が債務の履行を受けることを拒み、
> 又は受けることができない場合

①債務の目的が**特定物**の引渡しであるときは、**債務者**は、履行の提供をした時からその引渡しをするまで、**自己の財産**に対するのと**同一の注意**をもって、その物を保存すれば足りる。

②**履行の費用が増加**したとき、増加額は、**債権者**の**負担**とする。

③履行の提供があった時以後に**当事者双方の責めに帰することができない事由**によってその債務の**履行が**不能となったときは、その履行の不能は、**債権者**の**責め**に帰すべき事由によるものとみなす。

■ 過去問の確認と予想問題

 過去問　平成28年度　問題33改題

債務不履行責任に関する次の記述のうち、民法の規定および判例に照らし、妥当でないものはどれか。

1　不確定期限がある債務については、その期限が到来した時ではなく、債務者がその期限の到来した後に履行の請求を受けた時又はその期限の到来を知った時のいずれか早い時から履行遅滞になる。

〔解説〕　改正前 ✕　→改正後 ◯

　改正前は、債務の履行について不確定期限があるときは、債務者は、その期限の到来したことを知った時から遅滞の責任を負うと規定されていた。しかし、**改正民法412条2項は、債務の履行について不確定期限があるときは、債務者は、その期限の到来した後に**履行の請求**を受けた時又はその期限の到来したことを知った時の**いずれか早い**時から遅滞の責任**を負うと規定している。

 予想問題

債務不履行に関する次の記述のうち、民法の規定及び判例に照らし、正しいものはどれか。

AはBに対して絵画を売却する契約を結び、履行期にBに対して絵画を引き渡そうとしたにもかかわらず、Bがその受領を拒んだ。その間に、A、Bともに帰責事由なく当該絵画が第三者に盗難されてしまった。この場合、AはBに当該売買契約の代金を請求できる。

〔解説〕　◯

　本問は債権者Bの**受領遅滞中に、当事者双方の責めに帰することがで**

きない事由によってその債務の**履行が不能**となったケースである。受領遅滞中の**履行不能における責任**は、**債権者が負う**ので、AはBに当該売買契約の代金を請求**できる**（改正民法413条の2第2項）。

 予想問題

> Aは、その所有する建物甲をBに売却する契約をしたが、当該契約を締結する前日に甲は滅失していた。この場合におけるA・B間の売買契約の効力と、BがAに対してどのような請求をすることができるかについて、民法の規定に照らし、40字程度で記述しなさい。

〔解答例〕（43字）

A	・	B	間	の	売	買	契	約	は	有	効	で	あ	り
、	損	害	賠	償	請	求	、		無	催	告	解	除	、	代
償	請	求	を	す	る	こ	と	が	で	き	る	。		

	配点事項	配点
□ ①	売買契約が有効であること	8点
□ ②	損害賠償請求ができること	4点
□ ③	無催告解除ができること	4点
□ ④	代償請求ができること	4点

〔解説〕

　改正前の民法においては、**原始的不能の場合には債権が成立しないから**、その債権を目的とする法律行為は無効とされていた。一方、**改正民法412条の2第2項**では、**当事者間に合意がある以上、当該契約は有効**であることを前提に履行不能によって生じた**損害の賠償**を請求することを妨げないとしている。また、**同法542条1項1号**により、債務の**全部の履行が不能**であるときは、債権者は、**催告をすることなく**、直ちに**契約の解除**をすることができる。さらに、**同法422条の2**は、**代償請求権**を規定し、判例法理を明文化している（55ページ参照）。

　改正415条、416条、422条の2等（債権総則）

 **損害賠償額の予定額を
裁判所が増減可能に！**

出題可能性　★★

❼ 損害賠償額の予定額を裁判所が増減可能に！

改正のポイント！

改正前	改正後
規定なし	➡ 履行不能以外の債務不履行についても、**帰責事由を要する**旨が**明文化**された
規定なし	➡「**債務の履行に代わる損害賠償**」に関する規定が**新設**された
「特別損害」は、契約当事者が予見した又は予見できたときに請求できる	➡「**特別損害**」は、契約**当事者**が**予見すべき**であったときに請求できると**変更**された
「損害賠償額の予定」について、民法上、裁判所はその額の「増減」ができなかった（実質的に認める判例はあり）	➡「**損害賠償額の予定**」について、民法上、**裁判所がその額を「増減」できる**こととなった
規定なし	➡ 以下の判例理論が**明文化**された ・「**代償請求権**」（最判昭41.12.23）について、**明文で認められる**こととなった

裁判所

損害賠償の予定

額の増減が**できる**

売買契約

売主　　　　　　買主

■ 改正点の解説

明文化 **1　債務不履行に基づく損害賠償請求権について、「帰責事由」を要することが明文化された**

　そもそも「債務不履行」とは、契約によって債務の履行の義務を負う債務者が、その債務を履行しないことである。**債務不履行には、次の3つの形態**がある。

①債務の履行期限を過ぎてしまったケースである**「履行遅滞」**
②債務の履行が不可能となったケースである**「履行不能」**
③債務の履行が不完全である場合の**「不完全履行」**

　そして、**債務不履行に基づく損害賠償請求権**について規定する改正前の民法415条が、②の履行不能について「債務者の責めに帰すべき事由」（帰責事由）を要件としていたことなどから、帰責事由について規定のなかった他の2つの債務不履行の成立に関しても、**帰責事由を必要とする**と考えるのが一般的な理解であった。

　この点、**改正民法415条1項本文**は「債務者がその**債務の本旨に従った履行をしないとき又は**債務の履行が不能であるときは、債権者は、これによって生じた**損害の賠償を請求**することができる。」と規定し、**その但書**において、**その不履行が「契約その他の債務の発生原因及び取引上の社会通念に照らして債務者の責めに帰することができない事由」**に基づく場合は、**この限りではない**として、**債務の本旨に従って履行をしない（①履行遅滞や③不完全履行）場合**の損害賠償請求にも**帰責事由を要する**ことを条文上、明確にしている。

　改正民法では、債務者の帰責事由がない場合には「免責される」という規定の仕方ではあるが、今までどおり、**債務不履行に基づく損害賠償請求権の成立**には、**債務者の帰責事由が必要**となる点に変わりはないので、この点については試験対策上、気にする必要はない。

　ただし、詳しくは57ページから解説するが、**債務不履行に基づく「解**

除」については、**債務者の帰責事由が不要**となった。この点は要注意だ。

❼
損害賠償額の予定額を裁判所が増減可能に！

新設　2　「債務の履行に代わる損害賠償」の規定が新設

　債務不履行があった場合、従来より、債権者には一定の要件で債務の履行に代わる損害賠償（填補賠償）が認められていたが、具体的に条文上の規定は置かれていなかった。

　そこで、改正民法415条2項は、①**債務の履行が不能**であるとき、②**債務者が債務の履行を拒絶する意思を明確に表示**したとき、③債務が契約によって生じたものである場合において、その**契約が解除**され、又は債務不履行による**契約の解除権が発生**したときのいずれかの要件に該当するときは、**債権者は、債務の履行に代わる損害賠償の請求をすることができる**とした。

変更　3　「特別損害」は当事者が「予見すべき」場合に成立

　債務不履行による損害は、「通常損害」と「特別損害」に分けられる。「通常損害」は、債務不履行で社会通念上、通常発生すると考えられる損害のことであり、「特別損害」は、物の売買契約であれば、債権者が転売契約を結んでおり、それを履行できなくなったことで違約金を支払ったといったようなケースである。

　改正前の民法416条2項は、「特別の事情によって生じた損害であっても、当事者がその事情を予見し、又は予見することができたときは、債権者は、その賠償を請求することができる。」と規定していた。

　ただし、通説では、当事者が特別の事情を実際に予見していたかどうかという客観的な事実の有無ではなく、**「当事者が事情を予見すべきであったといえるか否か」**という規範的な評価によって、特別の事情によって生じた損害が賠償の範囲に含まれるかが判断されていた。

　そこで、改正民法416条2項は、**「特別の事情によって生じた損害であっても、当事者がその事情を予見すべきであったときは、債権者は、その賠償を請求することができる。」**と規定し、通説における解釈を条文上、明確にしている。

変更 4 過失相殺の規定（文言）が変更された

改正前の民法418条は、「債務の不履行に関して債権者に過失があったときは、裁判所は、これを考慮して、損害賠償の責任及びその額を定める。」と規定していた。いわゆる過失相殺である。

改正民法418条は、従来からの一般的な解釈に従い、**「債務の不履行又はこれによる損害の発生若しくは拡大に関して債権者に過失があった**ときは、裁判所は、これを考慮して、損害賠償の責任及びその額を定める。」と規定し、文言の追加をしている。

用語 過失相殺

過失相殺とは、債務不履行や不法行為において、債権者や被害者にも過失がある場合に、これを考慮に入れて賠償責任あるいは賠償額を定める制度のことである。**債務不履行**の場合には、金額を減ずることができるだけでなく、賠償**責任を否定**することもでき、また、**債権者の過失は常に考慮**しなければならないのに対し、**不法行為**の場合には、**賠償責任を否定することはできず**、**過失を考慮することが「できる」**（＝しなくてもよい、民法722条2項）にとどまる。

削除 5 裁判所は「損害賠償額の予定」の増減が可能に！

改正前の民法420条1項は、当事者は、債務不履行について**損害賠償の額を予定**することができるとしたうえ、裁判所は、その額を増減することができないと規定していた。

しかし、実務上は現実に発生した損害に比し、明らかに過大・過小な損害賠償額の予定がなされることがありえるし、従来の裁判実務においても、予定された損害賠償額を減ずる判断をすることもあった（最判平6.4.21）。

そのため、改正前の民法420条1項後段の規定は**削除**され、**裁判所は予定された損害賠償額を増減することも可能**となった。ここは試験に出題されやすい部分なので、注意しておこう。

明文化　**6　代償請求権に関する規定が明文化された**

　「**代償請求権**」とは、債務の履行の不能が生じたときに、不能となったのと同じ原因によって、**債務者**が債務の目的物の代償となる**利益を取得**した場合、**債権者がその利益の償還を求めることができる権利**のことである（最判昭41.12.23で認められていた）。

　改正民法422条の2は、判例において認められていたこの「**代償請求権**」を**明文化**し、**債務者**が、その債務の履行が不能となったのと**同一の原因**によって、**債務の目的物の代償である権利又は利益を取得**したときは、**債権者**は、その受けた**損害の額の限度**において、**債務者に対し、その権利の移転又はその利益の償還を請求**することができるとした。

過去問の確認と予想問題

　過去問　平成28年度　問題33

> 債務不履行責任に関する次の記述のうち、民法の規定および判例に照らし、妥当でないものはどれか。
>
> 2　債務者が自己の債務を履行しない場合、その債務不履行につき帰責事由がないことを債務者の側において立証することができなければ、債務者は債務不履行責任を免れることができない。

〔解説〕　改正前 ○　→改正後 ○

　改正前の民法415条後段は、**履行不能**の場合の損害賠償の要件につき「**債務者の責めに帰すべき事由**」（帰責事由）によって履行ができなくなったことを要するとしているが、その他の債務不履行（履行遅滞、不完全履行）については、条文上明確ではなかった。**改正民法415条1項本文**では、履行遅滞や不完全履行の場合にも**損害賠償請求することができる**とし、その**但書**において、損害賠償請求にあたり、債務者の**帰責事由を要する**と規定している。また、債務不履行につき**帰責事由がないこと**を**債務者**の側において立証することができなければ、債務者は債務不履行責任を免れることができない。

損害賠償額の予定額を裁判所が増減可能に！　❼

過去問　平成28年度　問題33改題

債務不履行責任に関する次の記述のうち、民法の規定および判例に照らし、妥当でないものはどれか。

5　特別の事情によって生じた損害につき、債務者が契約締結時においてその事情を予見できなかったとしても、債務不履行時までに予見すべきであったと認められるときは、債務者はこれを賠償しなければならない。

〔解説〕　改正前 ○　→改正後 ○

　特別の事情の予見の判断の時点は、**債務の履行期**とされている（大判大7.8.27）。したがって、特別の事情を債務不履行時までに予見すべきであったと認められるときは、債務者はこれを賠償しなければならない。ただし、改正前では「予見できた」ものも賠償できたが、**改正民法416条2項**では「**予見すべきであった**」ものと**限定**された。

　予想問題

債務不履行に関する次の記述のうち、民法の規定及び判例によれば、誤っているものはどれか。

当事者が、債務不履行について損害賠償の額を予定したときは、裁判所は、その額を増減することができない。

〔解説〕　×

　改正前の民法420条1項後段では、裁判所が予定額を変更できない旨を規定していた。しかし、改正民法では、同条項後段の規定が**削除**されたため、当事者が、債務の不履行について**損害賠償の額を予定**した場合であっても、予定額が実損額より過度に過大又は過小であるなど、公序良俗違反や信義則に反するようなときは、**裁判所は、その額を増減することができる**。

第1章　令和2年度試験からの出題範囲　　改正541条〜543条等（債権各論）

8 債務不履行の解除について、債務者の帰責事由が不要！

出題可能性　★★

改正のポイント！

改正前	改正後
債務不履行に基づく「解除」を行うためには、その債務不履行について、債務者の帰責事由（故意・過失）が必要	➡債務不履行に基づく「解除」を行うためには、その債務不履行について、債務者の帰責事由は不要となった
規定なし	➡以下の判例理論が明文化された・軽微な債務不履行について、解除ができない（最判昭36.11.21）
無催告による解除については、「定期行為」（一定の時期・期間内に履行しないと意味がないもの）について規定があるのみ	➡無催告による解除ができる事由が追加された（具体的な事由は60ページ以降参照）
規定なし	➡債務不履行が「債権者」の帰責事由に基づく場合、解除ができない旨が追加された

①売買契約
✕
②債務不履行に基づき解除
売主

買主

明文化
債務不履行が軽微な場合は解除できない

変更 解除に債務者の帰責事由が不要となった

改正点の解説

変更　1　「解除」の考え方が根本的に変わる！

　改正前の民法下において、一般的には、債務不履行に基づく解除を行うためには、債務者の帰責事由が必要であり、債務不履行に基づく解除と損害賠償請求は、債務不履行の効果としてセットで理解されていた。

　しかし、**改正民法**では、**解除に対する考え方が根本的に変わる**とも言える。**解除を"契約の拘束力から当事者を解放する手段"**と捉え、改正前の民法543条但書が**削除**されたため、**債務者の帰責事由は不要**となり、**債務不履行に基づく損害賠償請求**とは、**別の制度**と位置づけた。

▶**債務不履行に基づく「解除」と「損害賠償請求」のイメージ**

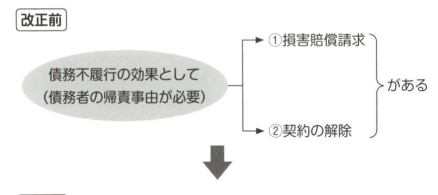

改正前

債務不履行の効果として
（債務者の帰責事由が必要）　→　①損害賠償請求　　②契約の解除　がある

改正後

①債務不履行に基づく
　損害賠償請求

②債務不履行に基づく
　契約の解除

これらは**別々の制度**と考えよう。損害賠償請求には債務者の帰責事由が必要であるが、解除には不要となった。

ONE POINT!! ちょこっとコメント

　改正前後の民法では、「解除」という制度をどのように捉えるかという考え方の違いがある。改正前の民法では、何か問題が発生した場合、解除は当事者を契約の拘束力から解放させよう、という目的のみならず、帰責事由を必要としていた（改正前民法543条但書）点で、債務者の落ち度を責める（とがめる）意味あいもあった。

　しかし、今回の改正で帰責事由の部分が条文から削除されたことにより、解除は純粋に、当事者を契約の拘束力から解放させようという制度になる。債務者に落ち度がない場合であっても、債務の本旨に従って履行がなされない場合は、原則として、解除を認めるのだ。

　では、解除に債務者の帰責事由が不要となったことで、どのような結論の違いが出てくるであろうか。例えば、AがBに対して、家屋を売却する契約を締結したが、家屋の引渡し前に、その家屋が第三者の放火によって全焼（履行不能）してしまった場合を考えてみよう。

②放火で全焼

①売買契約

売主A　　　　　　　　　　　　　　　　買主B

　この場合、改正前の民法では、Aが債務を履行できない理由が第三者の放火という、Aに帰責事由のない事例となるため、債務不履行の問題とはならず、危険負担の問題となり、Bは解除できない。

　しかし、改正民法によれば、解除に関しては、債務者の帰責事由は問題とならず、理由がなんであれ、「当事者の一方がその債務を履行しない場合」、Bは原則として、契約を解除できることとなった。

変更 2 「解除できる」場合は、次のとおり

　債務者に帰責事由がなくとも解除が可能となるとして、いかなる場合に解除ができるのか。まとめると次のようになる。

▶「解除ができる」場合

（催告による解除）　改正民法541条

・当事者が債務を履行しない場合において、相手方が**相当の期間**を定めてその履行の**催告**をし、その**期間内**に**履行がない**とき

　　　　　　　　　　　　➡従来の「履行遅滞」のパターンと同じ

（無催告による全部解除（直ちに解除可能））　改正民法542条1項

①債務の**全部**が履行**不能**であるとき

②債務者が債務の全部の**履行**を**拒絶**する意思を**明確**に**表示**したとき

③債務の**一部**の履行が不能である場合又は債務者がその債務の**一部**の**履行**を**拒絶**する意思を**明確**に**表示**した場合において、残存する部分のみでは契約をした**目的**を**達することができない**とき

④契約の性質又は当事者の意思表示により、**特定の日時又は一定の期間内に履行**をしなければ契約をした目的を達することができない場合において、債務者が履行をしないで**その時期を経過した**とき

　　　　　　　　　　　　➡従来の「定期行為」のパターンと同じ

⑤以上のほか、債務者がその債務の履行をせず、**債権者が催告**をしたとしても、契約をした**目的**を**達するのに足りる履行がされる見込みがない**ことが**明らか**であるとき

（無催告による一部解除（直ちに一部解除可能））　改正民法542条2項

①債務の**一部**の履行が**不能**であるとき

②債務者が債務の**一部**の**履行**を**拒絶**する**意思**を**明確**に表示したとき

　　↓

　これら①②の場合、「一部」の解除は、**無催告**で**直ちに**できる。

　これらのケースで「全部」を解除するためには、残存する部分のみでは契約をした**目的**を**達することができない**ことが必要である。

変更　**3　「解除できない」場合は、次のとおり**

次に「解除できない」ケースをまとめると、次のようになる。

▶「解除ができない」場合

①債務不履行が契約及び取引上の社会通念に照らして軽微な場合（改正民法541条但書）（催告による解除に限る）
②債務不履行が債権者の責めに帰す場合（改正民法543条）
③解除権者が故意又は過失によって、契約の目的物を
・著しく損傷した場合
・返還できなくなった場合
・加工、改造によって他の種類の物に変えた場合（改正民法548条）
※解除権者が解除権を有することを知らなかった場合は、除かれる（同条但書）。

①の軽微な債務不履行があるにすぎない場合は、従前の判例を明文化したものであり（最判昭36.11.21）、「軽微」かどうかは、「その契約及び取引上の社会通念に照らして」判断される。

▌過去問の確認と予想問題

　過去問　平成25年度　問題31改題

契約の解除に関する次のア～オの記述のうち、民法の規定および判例に照らし、妥当なものの組合せはどれか。

ア　Aが、その所有する建物をBに売却する契約を締結したが、その後、引渡しまでの間に第三者Cの火の不始末により当該建物が消失した。Bは、引渡し期日が到来した後でなければ、当該売買契約を解除することができない。

〔解説〕　改正前 ○　→改正後 ×

改正前は、履行の全部又は一部が不能となったときは、債権者は、契約の解除をすることができるとし、ただし、債務者の帰責事由を履行不

61

能に基づく**契約の解除の要件**としていた。したがって、改正前の民法によれば、A所有の建物の滅失が、第三者Cの過失によるものであり、債務者Aに帰責事由がないため、Bは本件売買契約を解除することができない。

　一方、**改正民法542条1項1号**は、債務の全部が履行不能であるときは、債権者は、**催告をすることなく、直ちに契約の解除をすることができる**と規定している。また、債務者の帰責事由も不要である。したがって、Bは、**引渡し期日が到来していなくても、本件売買契約を解除する**ことができる。

 ### 予想問題

> **売買契約の解除に関する次の記述のうち、民法の規定及び判例によれば、正しいものはどれか。**
>
> 売買契約の債権者は、当該売買契約の債務者が債権者に対して、債務の全部の履行を拒絶する意思を明確に表示したとき、履行の催告を行わなければ、当該売買契約の解除をすることができない。

〔解説〕 ×

　債務者が債務の全部の履行を拒絶する意思を明確に表示したとき、債権者は、**催告をすること**なく、直ちに**契約を解除できる**（改正民法542条1項2号）。債務者が、**履行を**拒絶**する意思を「**明確に表示**」**したような場合は、催告をして履行を促すことに**意味は**ないからである。

9 「裁判上の代位制度」が廃止された！

出題可能性　★★

👍 改正のポイント！

改正前	改正後
債権者代位権は、「自己の債権を保全するため」に行使できる	➡️「自己の債権を保全するため**必要があるとき**」に、**債権者代位権を行使**できると**明文化**された
規定なし	➡️以下の通説が**明文化**された ①「**差押禁止債権**」の代位行使の禁止 ②「**強制執行により実現することのできない債権**」に基づく債権者代位の禁止
代位する債権の履行期前であっても、「裁判上の代位」による場合は、代位行使が可能	➡️裁判上の代位制度が廃止された

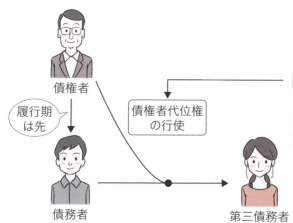

債権者

履行期は先

債権者代位権の行使

債務者

第三債務者

削除 裁判上の代位の制度がなくなった。履行期前の債権者代位権の行使は、保存行為のみ可能となる

63

改正点の解説

明文化 **1　債権保全の必要性の要件が明文化された**

　従来より、**債権者代位権**は、債権者が債務者の財産管理に干渉するものであることから、**債権を保全する必要性**が生じている場合に限り、行使することができると解されている。

　そこで、改正民法423条1項本文においては、**このことを条文上明確にするため**、**「自己の債権を保全するため必要があるとき」**に、債権者代位権を行使することができるとした。

　この先、「○○という明文規定がある」という問題の出題可能性は低いと思われるため、試験対策上は気にする必要はない。

明文化 **2　「差押禁止債権」等の代位行使禁止が明文化された**

　債権者代位制度は、後の強制執行に備えて責任財産を保全するためのものであり、**従来から、責任財産に含まれない差押禁止債権については、代位行使することができない**と解されていた。この点について、**改正民法423条1項但書は、明示**することとなった。

　また、従来より、**「強制執行により実現することのできない債権」**に基づいて債権者代位権を行使することはできないと解されていたが、この点について、**改正民法423条3項は、明示**することとなった。

削除 **3　「裁判上の代位制度」が廃止された！**

　改正前の民法423条2項では、債権者は、**自己の債権の期限が到来しない間であっても「裁判上の代位」**によれば、保存行為を除き、債権者代位権を行使することができるとされていた。

　しかし、責任財産となる財産を保全するための民事保全制度が整備されている現在においては、期限未到来の間でも民事保全制度を利用すればよいため、裁判上の代位制度はほとんど利用されていない。

　そのため、**改正民法においては、「裁判上の代位制度」自体が廃止**されている。

過去問の確認と予想問題

 過去問　平成28年度　問題32

債権者代位権または詐害行為取消権に関する次の記述のうち、民法の規定および判例に照らし、正しいものはどれか。

2　債権者は、債務者に属する物権的請求権のような請求権だけでなく、債務者に属する取消権や解除権のような形成権についても代位行使することができる。

〔解説〕　改正前 ○ →改正後 ○

　改正前の民法423条は、但書において被代位権利に関する要件について、債務者の一身に専属する権利の代位行使は許されないことを規定していただけであり、その他の要件の有無やその内容については解釈がこれを補っていた。**改正民法423条1項**は、債務者の一身に専属する権利及び**差押えを禁じられた債権を除き**、債務者に属する権利を**代位行使することができる**と規定し、これまでの解釈を**明文化**した。

 予想問題

債権者代位権に関する次の記述のうち、民法の規定及び判例によれば、正しいものはどれか。

債権の弁済期前において、債権者代位権の行使は、保存行為を除いて、裁判上の代位によらなければ行うことはできない。

〔解説〕　×

　債権者代位権の行使の要件の1つとして、**代位する債権が履行期**になければならない点、また、**保存行為**が**除かれる**点に改正はない（改正民法423条2項）。しかし、**裁判上の代位の制度は、廃止**されている。

10 債権者代位権の行使後も、債務者は権利行使できる！

出題可能性　★★

 改正のポイント！

改正前	改正後
規定なし	➡**以下の判例理論が明文化**された ①債権者代位権は、**債権者の債権の範囲内**で**行使できる**（最判昭44.6.24） ②債権者代位権の**債権者は、第三債務者に対して、直接自己への支払等を請求できる**（大判昭10.3.12） ③被代位債権の**第三債務者は、債務者への抗弁を債権者に対して対抗できる**（大判昭11.3.23）
債権者が代位行使に着手後、債務者はその債権について権利行使できない（大判昭14.5.16）	➡**左記の判例理論が変更**のうえ、**明文化**された ・**債権者が代位行使に着手後**でも、**債務者はその債権について権利行使できる**
規定なし	➡**債権者**は、被代位権利の行使に係る**訴えを提起**したときは、遅滞なく、債務者に**訴訟告知**をしなければならない（**新設**）
規定なし	➡**登記**と**登録請求権**の保全を目的とする債権者代位の規定が**新設**された

　債権者代位権について、改正前の民法では423条に規定があるのみで、実質的な要件や効果は、判例理論でまかなわれていたといえる。この点、改正民法では、債権者代位権の要件や効果について、多くの判例理論が明文化されたと考えてよい。

改正点の解説

明文化　1　自己の債権額の範囲でのみ代位行使できる

債権者が、債務者の権利を代位行使する際、いかなる範囲で代位行使が許されるのかについて判例（最判昭44.6.24）は、債権者が債務者の第三債務者に対する金銭債権を代位行使する場合は、債権者は**自己の債権額の範囲においてのみ**行使しうるものと解すべきと判示している。

そこで、**改正民法423条の2**は「債権者は、被代位権利を行使する場合において、**被代位権利の目的が可分**であるときは、**自己の債権の額の限度においてのみ**、被代位権利を行使することができる。」と規定し、**上記判例の趣旨を明文化**した。

判例法理の明文化なので、従来からの実質的な変更はない。明文化されたことで、出題可能性は若干上がるかもしれないが、気にする必要はないであろう。

明文化　2　第三債務者への直接の請求等が明文化された

金銭債権等について債権者代位権を行使する際、代位行使する**債権者は、第三債務者に対して、自己に対して直接支払うことを請求できる**と解していた（大判昭10.3.12）。

そこで、**改正民法423条の3前段**は、この判例に従い、「被代位権利が**金銭**の支払又は**動産**の引渡しを目的とするものであるときは、相手方に対し、**その支払又は引渡しを自己に対して**することを求めることができる。」と規定した。

また、同条後段は、相手方が債権者に対して支払や引渡しをしたとき、代位した権利は消滅すると規定している。第三債務者としては、弁済等を行った以上、当然の規定である。

このあたりの改正点は、従来からの判例法理の明文化なので、試験対策上は気にする必要がないであろう。

明文化 3 第三債務者が有する抗弁の取扱いが明文化された

　債権者が代位行使をした場合と、債務者自身が権利行使した場合とを比較したとき、第三債務者が不利益に扱われるのは合理的ではない。

　そこで、**従来より、第三債務者**は、**債務者に対して主張できる抗弁**をもって、**債権者（の代位行使）に対しても対抗できる**と解釈されていた（大判昭11.3.23）。そして、この判例が、**改正民法423条の4によって明文化**された。

変更 4 代位行使後でも、債務者は権利行使できる！

　従来の判例（大判昭14.5.16）は、債権者が代位行使に着手して、債務者にその事実を通知し、又は債務者がそのことを了知した場合、債務者は代位債権について取立てその他の処分ができないとしていた。

　しかし、債権者代位権の目的は「債務者の責任財産の保全」であり、債権者が代位行使に着手した後でも、債務者が自ら権利を行使するのであれば、責任財産は保全され、所期の目的は達成される。

　そこで、**改正民法423条の5**は、「**債権者が被代位権利を行使した場合であっても、債務者は、**被代位権利について、**自ら取立て**その他の処分をすることを**妨げられない**。この場合においては、**相手方も、**被代位権利について、**債務者に対して履行**をすることを**妨げられない。**」と規定し、**判例の見解を変更**している。

　頻出の知識ではないが、従来の考え方が変更される部分であるため、注意しておこう。

ゴロ合わせ！ ▶ 代位行使後の債務者の権利行使

だいたい子牛
（代位行使を行使後も）

後で武者が取り立て
（債務者は自ら取り立て等ができる）

新設　5　訴訟告知制度が創設された

　従来より、債権者が債権者代位に係る訴えを提起し、判決がされた場合、その判決の効力は、債権者のみならず債務者にも及ぶと解されている。しかし、改正前の民法の下では、債務者にその訴えの存在を認識させ、その審理に参加する機会を保障する制度はなかった。

　そこで、**改正民法423条の6**は、「**債権者**は、**被代位権利の行使に係る訴えを提起**したときは、遅滞なく、**債務者**に対し、**訴訟告知**をしなければならない。」と規定し、債務者の手続保障を図っている。

用語　訴訟告知

　訴訟告知とは、民事訴訟において、当事者が、**訴訟に参加できる利害関係のある第三者**に、**訴訟係属の事実を通知**することである。当該第三者に訴訟参加の機会を与え、参加しなかったとしても告知者と第三者との間に参加的効力を発生させることが、同制度の趣旨である。

新設　6　登記と登録請求権の保全を目的とする債権者代位権の転用規定が新設された！

　従来より、判例（大判明43.7.6）は、いわゆる"**債権者代位権の転用（下図参照）**"を認めていた。なお、この場合、**債務者の無資力要件も**不要と解されていた。

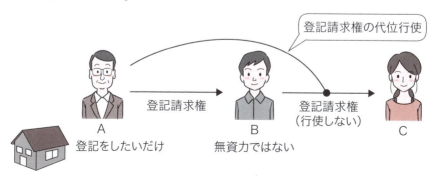

登記請求権の代位行使

A
登記をしたいだけ

登記請求権

B
無資力ではない

登記請求権
（行使しない）

C

⓾ 債権者代位権の行使後も、債務者は権利行使できる！

この点、**改正民法423条の7**は、**登記又は登録をしなければ権利の得喪及び変更を第三者に対抗することができない財産を譲り受けた者**は、その**譲渡人**が第三者に対して有する**登記手続又は登録手続をすべきことを請求する権利を行使しないときは、その権利を行使することができる**と規定し、いわゆる**"債権者代位権の転用"**を明文化した。

予想問題

 予想問題

> **債権者代位権に関する次の記述のうち、民法および判例に照らし、正しいものはどれか。**
>
> Aは、債務者Bに対する1,000万円の債権を保全するため、BのCに対する1,500万円の債権を、その全額について代位行使することができる。

〔**解説**〕　×

改正民法423条の2は、債権者は、被代位権利を行使する場合において、被代位権利の目的が可分であるときは、**自己の債権の額の限度において、被代位権利を行使することができる**と規定している。したがって、Aが代位行使できるのは、被保全債権の額すなわち **1,000万円** が限度であるから誤りである。

 予想問題

> **債権者代位権に関する次の記述のうち、民法の規定及び判例によれば、正しいものはどれか。**
>
> 債権者は、被代位権利を行使する場合において、被代位権利が金銭の支払又は動産の引渡しを目的とするものであるときは、相手方に対し、その支払又は引渡しを自己に対してすることを求めることができる。

〔解説〕　○（改正民法423条の3により**正しい**）

 予想問題

> **債権者代位権に関する次の記述のうち、民法の規定及び判例によれば、正しいものはどれか。**
>
> 債権者が被代位権利を行使した場合、債務者は、被代位権利について、自ら取立てその他の処分をすることができない。

〔解説〕　×

　かつての判例（大判昭14.5.16）は、債権者代位権行使の着手があり、その旨の通知ないし債務者の了知があれば本問のように解していたが、**改正民法423条の5**は、**債権者が被代位権利を行使**した場合でも、**債務者は**、被代位権利について、**自ら取立てその他の処分をすることを妨げられない**と規定し、**判例の見解を変更**している。

ONE POINT!!　ちょこっとコメント

　本書は、「**行政書士試験**」の対策に特化した改正民法の解説本であるため、**出題可能性が低い改正点は省略**している。

　ただし、ここで1点コメントしておきたいことがある。改正前の民法404条では、**法定利率**が定められており、特別な契約（特約）がない限り、利息は年5分とされ、金銭債務の不履行や不法行為に基づく損害賠償請求額については、この年5分で利息が算定されていた。

　しかし、民法制定から120年以上が経過し、この**法定利率と市場における金利の差が著しく**なったため、改正民法ではこの乖離を避けるべく、**法定利率を3年に一度見直す**こととする**変動制**が採用され、**改正民法の施行時の法定利率は、年3分**とすることとされた。**この法定利率は出題可能性がある**ので、押さえておこう。

❿ 債権者代位権の行使後も、債務者は権利行使できる！

11 転得者への詐害行為取消の要件が規定された！

出題可能性　★★

👉 改正のポイント！

改正前	改正後
債権者は、債務者が債権者を害することを知ってした「法律行為」の取消しを裁判所に請求することができる	➡「法律行為」は「行為」を意味するという**判例理論が明文化**された ➡また、その債権が**強制執行**により実現できないものであるときは、**詐害行為取消請求ができない**という規定が追加された
債権者は、債務者が「債権者を害することを知ってした法律行為」の取消しを裁判所に請求できる	➡詐害行為取消が可能となるケース（特則）がいくつか**新設**された
「転得者」に対しては、転得時に、転得者が詐害行為の事実を知らなかったときは、詐害行為取消ができない旨の規定のみ	➡「転得者」に対しては、債権者が**受益者**に対して詐害行為取消が**できる**場合、規定された区分に基づき、詐害行為取消ができると**新設**された

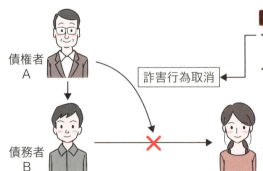

明文化
・Aの債権は、Bの詐害行為前に生じている必要がある
・Bの債権が強制執行できない場合は、行使できない

債権者 A

詐害行為取消

債務者 B

第三債務者 C

改正点の解説

明文化　**1　詐害行為取消権の基本的な要件が整備された**

　改正前の民法424条1項においては、債務者が債権者を害することを知ってした「法律行為」が詐害行為取消権の対象であった。

　しかし、法律行為以外の行為によって責任財産が逸出することを防ぐため、判例（最判昭33.9.26等）は、弁済など、厳密には法律行為に当たらない行為も詐害行為取消権の対象になることがあるとしていた。

　改正民法は、これら判例の趣旨を踏まえ、同項の**「法律行為」**という文言を単に**「行為」**としている。従来からの解釈の明文化だ。

　また、**改正民法424条3項**は、**詐害行為取消権を行使する債権**について、**詐害行為前に生じている債権でなければならない**ことを規定した。この点も、従来からの解釈の明文化である。

　さらに、**改正民法424条4項**は、「債権者は、**その債権が強制執行により実現することのできないもの**であるときは、**詐害行為取消請求をすることができない**。」と規定している。詐害行為取消権は、本来的には、後の強制執行に備えて責任財産を保全するためのものであることを踏まえた規定である。

用語　**強制執行**

　強制執行とは、判決などの債務名義によって**確定した私人の請求権**を、当事者の申立てに基づいて**国家が強制的に実現する手続**のことである。

新設　**2　詐害行為に該当するケースが規定された**

　従来より判例（大判明39.2.5等）は、相当の対価を得てした処分行為であっても、原則として、詐害行為に該当すると解釈するなど、比較的広範に詐害行為への該当性を認めていた。

　一方、平成16年の破産法改正に際しては、詐害行為取消権と類似の制度である否認権について、行為類型ごとに否認の要件を定めた結果、同じ行為でも、民法の詐害行為取消権の対象にはなるが、否認権の対象

にはならないという事態が生じていた。

　そこで、改正民法では、破産法の否認権の制度を参考にしつつ、424条の2〜424条の4において行為類型ごとに、詐害行為取消が認められるケースの特例を置いている。ここまで試験で問われる可能性は低いが、念のため、それぞれ紹介しておくので一読しておこう。

〔改正民法424条の2〕

▶**相当の対価**を取得している財産の処分について、詐害行為取消が認められる要件（いずれも満たす必要あり）

①その行為が、不動産の金銭への換価その他の当該処分による財産の種類の変更により、債務者において隠匿、無償の供与その他の**債権者を害することとなる処分（隠匿等の処分）をするおそれを現に生じさせるもの**であること
②**債務者**が、その**行為の当時**、対価として取得した金銭その他の財産について、**隠匿等の処分をする意思を有していた**こと
③**受益者**が、その**行為の当時**、債務者が**隠匿等の処分をする意思を有していた**ことを**知っていた**こと

〔改正民法424条の3〕

▶債務者の「**担保の供与**」、「**債務の消滅**」について、詐害行為取消が認められる要件（いずれも満たす必要あり）

①その行為が、債務者が**支払不能の時に行われた**ものであるか、又は債務者の**義務に属しない**ものである場合において、債務者が**支払不能になる前30日以内**に行われたものであること
②その行為が、債務者と受益者とが**通謀して他の債権者を害する意図で行われた**ものであること

　また、**改正民法424条の4**では、債務者が行った「**債務の消滅**」について、**受益者の受けた給付が債務額より過大**である場合、債権者は、上記の改正民法424条の3の規定にかかわらず、**消滅した債務の額に相当する部分以外の部分**については、詐害行為取消請求をすることが**できる**と規定している。

新設 **3　転得者に対する詐害行為取消請求ができるケースが規定**

　従来より判例（最判昭49.12.12）は、改正前の民法424条所定の詐害行為の受益者又は転得者の善意・悪意は、その者の認識したところによって決すべきであって、その前者の善意・悪意を承継するものではないと解すべきであり、また、受益者又は転得者から転得した者が悪意であるときは、たとえ、その前者が善意であっても同条に基づく債権者の追及を免れることができないとしていた。

　しかし、悪意の転得者が、善意の受益者から受け取った財産を失うことになると、結局、善意の受益者が、悪意の転得者から責任を追及されて、善意の受益者の取引の安全が害されるおそれがある。

　そこで、**改正民法424条の5**は、受益者が善意でなく、**受益者**に対して詐害行為取消請求をすることが**できる**場合に限り、次の①②の区分に基づき、**転得者**に対しても、詐害行為取消請求ができるとした。

▶転得者に対する詐害行為取消請求ができる区分

①**受益者からの転得者**である場合、**転得者**が**転得**の当時、**債務者の行為**が債権者を**害することを知っていた**ときに限る

②**他の転得者からの転得者**である場合、**転得者及びその前に転得した全ての転得者**が、それぞれの**転得の当時**、債務者の行為が債権者を**害することを知っていた**ときに限る

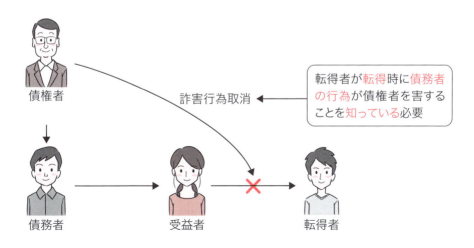

債権者

詐害行為取消

転得者が転得時に債務者の行為が債権者を害することを知っている必要

債務者　　　受益者　　　転得者

📖 過去問　平成28年度　問題32

債権者代位権または詐害行為取消権に関する次の記述のうち、民法の規定および判例に照らし、正しいものはどれか。

5　詐害行為取消権の立証責任に関しては、債務者の悪意と同様に、受益者および転得者側の悪意についても債権者側にある。

〔解説〕　改正前 ×　→改正後 ×

　改正民法424条1項但書は、受益者が、**詐害行為の時において債権者を害することを**知らなかった**ときは、詐害行為取消請求をすることが**できない**と規定しているところ、最判昭37.3.6は、受益者の善意の挙証責任は**受益者自身**に存する旨判示している。この点について、改正の前後を通じて変更はない。したがって、「受益者および転得者側の悪意について」の立証責任が債権者側にあるとはいえず、本肢は誤りである。

 予想問題

詐害行為取消権に関する次の記述のうち、民法の規定及び判例によれば、正しいものはどれか。

転得者に対する詐害行為取消請求は、転得者が受益者から転得した者である場合、その転得者が転得の当時、債務者の行為が債権者を害することを知っていたときに限り、行うことができる。

〔解説〕　○（改正民法424条の5第1号により正しい）

　改正424条の6～425条（債権総則）

12 詐害行為取消権について自己への支払等が明文化！

出題可能性　★

改正のポイント！

改正前	改正後
規定なし	➡以下の**判例理論が明文化**された ①詐害行為取消権に関し、**逸出財産**について、**債務者への返還請求権等が明文化**された（大連判明44.3.24） ②詐害行為取消権は、**債権者の債権の範囲内で行使できる**（大判明36.12.7） ③詐害行為取消権の**債権者は、金銭の支払又は動産**の引渡しについては、受益者等に対して、**直接自己への支払等を請求できる**（大判大10.6.18）
規定なし	➡詐害行為取消権に係る認容判決の効力は、**債務者及び全ての債権者**に対しても、その効力を有する規定が**新設**された

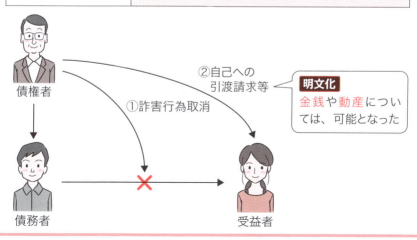

債権者

①詐害行為取消

②自己への引渡請求等

明文化
金銭や動産については、可能となった

債務者　　　　　受益者

■ 改正点の解説

明文化 1 逸出財産の債務者への返還請求権が明文化

　当然と言えば当然であるが、従来より、詐害行為取消は、債務者の行為を取り消して賠償を求めるか、移転した財産の債務者への返還を請求するかは債権者の自由であるとされていた（大連判明44.3.24）。

　この判例に従い、**改正民法424条の6**は、**債権者は、**受益者又は転得者に対する詐害行為取消請求において、債務者がした行為の取消しとともに、その行為によって**受益者に移転した財産の返還を請求**することができると規定した。

　また、受益者において、その財産の返還が困難であるとき、**債権者は、**その**価額の償還**を請求することができる旨の規定も置いている。

明文化 2 詐害行為取消権の行使の範囲の明確化

　改正民法424条の8においては、詐害行為取消権の行使の範囲を債権の保全に必要な範囲に限定する観点から、判例（大判明36.12.7等）に従い、債権者は、詐害行為取消請求をする場合において、**債務者がした行為の目的が可分**であるときは、**自己の債権の額**の限度においてのみ、**その行為の取消しを請求することができる**としている。

　また、**価額償還請求**をする場合にも、同様に、**自己の債権の額**の限度となるとしている。

明文化 3 直接の支払請求権が明文化された！

　詐害行為取消を行った場合、債権者は受益者等に対して、直接自己に対して返還等を求めることができるかという点については、従来より、認められていた部分である（大判大10.6.18等）。

　そこで、**改正民法424条の9第1項**は、この判例等を踏まえ、債権者は、受益者又は転得者に対して財産の返還を請求する場合、その返還の請求が**金銭の支払又は動産の引渡し**を求めるものであるときは、受益者等に対し、**自己に対して**することを求めることができるとした。

そして、この場合、**受益者又は転得者は、債権者に対してその支払又は引渡しをしたときは、債務者に対してその支払又は引渡しをすることを**要しない旨も規定している。

新設　4　認容判決の効力の拡張等

　詐害行為取消請求を認める確定判決の効力については、従来より争いがある。この点について判例（大連判明44.3.24）は、財産の返還を請求する相手方である受益者又は転得者には、その効力が及ぶものの、債務者には及ばないという相対的効力を前提として、詐害行為取消請求に係る訴えは、受益者等を被告とすべきであり、債務者を被告とする必要はないとしていた。

　しかし、確定判決の効力が債務者に及ばない結果、受益者等は、財産を返還することとなっても、債務者に支払っていた金銭等の返還を債務者に請求することができないなどの問題が生じ、関係者間の統一的な利害調整が困難になっているとの批判があった。

　そこで、**改正民法**では、判例に従い、被告適格を有する者を受益者又は転得者としたうえで（改正民法424条の7第1項）、**詐害行為取消請求を認容する確定判決は、債務者及びその全ての債権者に対してもその効力を有する**として、判決の効力は債務者には及ばないとする**従来の判例理論を変更**した（同法425条）。

　また、確定判決の効力が及ぶ**債務者**の審理に参加する機会を保障するため、**債権者は、詐害行為取消請求に係る訴えを提起**したときは、遅滞なく、**債務者に対し、訴訟告知をしなければならない**と規定している（同法424条の7第2項）。

　詐害行為取消権については択一式だけでなく記述式でも出題されたことがある。今後も出題可能性が高いので、改正点はしっかりおさえておくように。

■ 過去問の確認と予想問題

 過去問　平成25年度　問題30

詐害行為取消権に関する次の記述のうち、民法の規定および判例に照らし、妥当なものはどれか。

4　詐害行為取消権は、総ての債権者の利益のために債務者の責任財産を保全する目的において行使されるべき権利であるから、債権者が複数存在するときは、取消債権者は、総債権者の総債権額のうち自己が配当により弁済を受けるべき割合額でのみ取り消すことができる。

〔解説〕　改正前 ×　→改正後 ×

　従前の判例法理が**改正民法424条の8第1項**で明文化され、債権者は、詐害行為取消請求をする場合において、**債務者がした行為の目的が可分であるときには、自己の債権の額の限度**においてのみその行為の取消しを請求することができる**とされた。したがって、改正の前後を通じて、債権者が複数存在するときであっても、取消債権者は、総債権者の総債権額のうち自己が配当により弁済を受けるべき割合額でのみ取り消すことができるわけではないから、妥当ではない。

 予想問題

詐害行為取消権に関する次の記述のうち、民法の規定及び判例によれば、正しいものはどれか。

詐害行為取消請求を認容する確定判決は、債務者にはその効力が及ばない。

〔解説〕　×

　民法改正前の判例法理の下では、詐害行為取消の効果は、債務者には及ばないとされていたが、**改正民法425条**は、「詐害行為取消請求を認容する確定判決は、**債務者**及びその**全ての債権者**に対しても、その効力を有する。」と規定し、かつての判例の考えを実質的に変更している。

13 詐害行為取消権の行使期間が10年に変更された！

出題可能性 ★★

改正のポイント！

改正前	改正後
規定なし	➡債務者の詐害行為が取り消されたときの受益者の債務者に対する**反対給付返還**請求権や**価額**の**償還**請求権が新設された
規定なし	➡詐害行為取消により、受益者が受益（物）を返還した場合、債務者に対して有していた受益者の債権が**回復**すると規定された
詐害行為取消権は、債権者が取消しの原因を知った時から2年間行使しないとき、時効によって消滅する。行為時から20年の経過時も同様	➡**詐害行為取消請求に係る訴えは、**債務者が債権者を**害する**ことを**知って行為**をしたことを**債権者**が**知った**時から**2年**を経過した**ときは提起できない**と変更された ➡行為時から**10年**の経過時も同様とされた**（期間短縮）**

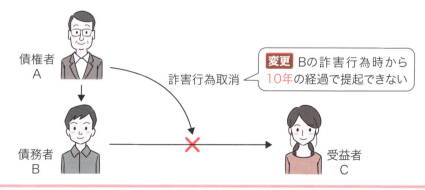

債権者 A

詐害行為取消 ← **変更** Bの詐害行為時から10年の経過で提起できない

債務者 B

受益者 C

■ 改正点の解説

新設 1 受益者の反対給付の請求権が規定された

79ページで述べたとおり、改正民法425条は「詐害行為取消請求を認容する確定判決は、債務者及びその全ての債権者に対してもその効力を有する。」と規定している。

そして、**改正民法425条の2**は、受益者と債務者の公平を図るため、**債務者がした財産の処分**に関する行為（債務の消滅に関する行為を除く。）が**取り消されたとき**は、**受益者は、債務者に対し、**その財産を取得するためにした**反対給付の返還を請求することができる**と規定し、債務者がその**反対給付の返還をすることが困難**であるとき、受益者は、その**価額の償還を請求**することができると規定している。当然の規定ではあるが、このような規定も整備されたということである。

なお、改正民法425条の3は、424条の4の規定により取り消された場合を除き、受益者が債務者から受けた給付を返還し、又はその価額を償還したときは、受益者の債務者に対する債権は、これによって原状に復するとも規定している。

また、上記の規定の「転得者」版といえる規定が、改正民法425条の4で新設されている。

変更 2 詐害行為取消権の期間制限が10年に短縮！

改正前の民法426条では、**詐害行為取消権の期間制限を2年**として、その起算点を「債権者が取消しの原因を知った時」としていた。しかし、**この起算点**について、判例（最判昭47.4.13）は、「**債務者が債権者を害することを知って行為をしたことを債権者が知った時**」と解釈していたところ、まずは**これを明文化**したのが、**改正民法426条**である。

また、改正前の民法の下では、**詐害行為の時から20年**を経過すると、**詐害行為取消権は行使することができない**とされていたが、**改正民法426条**においては、**その期間を10年に短縮**している。これは、法律関係を早期に安定させるための改正である。

そして、改正前民法の下では、消滅時効期間とされていたこの制限期

間について、**「出訴（訴えを提起できる）期間」**へと改められている。これは、時効の完成猶予や更新により、法律関係が不安定になることを防ぐための改正である。

ゴロ合わせ！ ▶ **詐害行為取消権の期間制限**

恋から銃まで
（詐害行為時から10年まで）

酒井の悪さを知って2年
（詐害行為取消権は、債務者が債権者を害する意図で行為したことを債権者が知ってから2年）

■ 予想問題

 予想問題

詐害行為取消権に関する次の記述のうち、民法の規定及び判例によれば、正しいものはどれか。

詐害行為取消請求に係る訴えは、行為の時から20年を経過したときは、提起することができない。

〔解説〕　×

　改正民法426条後段は、詐害行為取消請求に係る訴えは、**行為の時から10年を経過**したときは、**提起することができない**と規定している。シンプルな問題だが、このような**期間の変更は出題されやすい**。注意しておこう。

14 「履行の請求」「債務の免除」「時効の完成」が相対的効力に！

出題可能性 ★★★

改正のポイント！

改正前	改正後
連帯債務者に対する「履行の請求」は、絶対的効力を有する	➡連帯債務者に対する「履行の請求」が、相対的効力に変更
連帯債務者の1人が、債権者に対して債権を有する場合、その者が相殺を援用しない間は、その者の負担部分について、他の連帯債務者が相殺を援用できる	➡連帯債務者の1人が、債権者に対して債権を有する場合、その者の負担部分の限度において、他の連帯債務者は、債務の履行を拒むことができると変更（相殺の援用はできなくなった）
連帯債務者の1人に対する債務の免除は、その者の負担部分について、絶対的効力を有する	➡連帯債務者の1人に対する「債務の免除」が、相対的効力に変更
連帯債務者の1人に時効が完成したとき、その連帯債務者の負担部分については、絶対的効力を有する	➡連帯債務者の1人の「時効の完成」が、相対的効力に変更

　連帯債務者の1人に生じた事由が、他の連帯債務者に対して、どのような影響を及ぼすかという問題について、改正民法では、いくつかの改正が行われている。この話は試験に出題される可能性が高いので、すべてしっかりと押さえておかねばならない。

改正点の解説

変更　**1　「履行の請求」が相対的効力事由に！**

　「絶対的効力」とは、連帯債務者の1人について生じた事由が、他の連帯債務者に対しても効力を生じることをいう。一方、「相対的効力」とは、当事者の1人について生じた事由が、他の連帯債務者に対しては効力を生じず、影響を及ぼさないことをいう。改正前後を問わず、下で述べる連帯債権も含めて、民法は**「相対的効力」を原則**とし、**例外的に「絶対的効力」を認めている。**

　そして、改正前の民法434条は、連帯債務者の1人に対する「履行の請求」は、他の連帯債務者に対しても、その効力を生ずると規定し、絶対的効力事由とされていた。

　しかし、連帯債務者相互の間には、必ずしも密接な関係があるわけではないことなどから、**改正民法**では、**改正前の民法434条の規定を削除**し、その結果、**「履行の請求」**は、原則的な**相対的**効力事由に変更された。

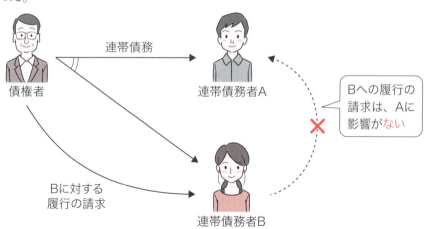

　ちなみに、**改正民法432条〜435条の2**は**「連帯債権」**という新しい概念の規定も**新設**している。**1個の性質上可分**である債権について、1人の債務者に対して、**複数の債権者が連帯して債権を有する**場合だ。

　この**「連帯債権」**の場合、「**請求**」「**履行**」「**更改**」「**免除**」「**相殺**」「**混同**」は**すべて絶対的効力**を有する点に注意しておこう。

2　他の連帯債務者の債権者に対する債権で、相殺することができなくなった！

　改正前の民法436条2項は、連帯債務者の1人が、債権者に対して反対債権を有する場合において、その連帯債務者が相殺を援用しない間は、その連帯債務者の負担部分についてのみ他の連帯債務者が相殺を援用することができると規定していた。

　しかし、他人の債権を相殺に供することまで認めるのは、相殺権を有する他の連帯債務者への過剰な介入となりかねない。

　そこで、**改正民法439条2項**では、**連帯債務者の1人が債権者に対して債権を有する場合**において、**その連帯債務者が相殺を援用しない間は、その連帯債務者の負担部分の限度**において、**他の連帯債務者は、債権者に対して債務の**履行**を**拒むことができるのみに変更された。

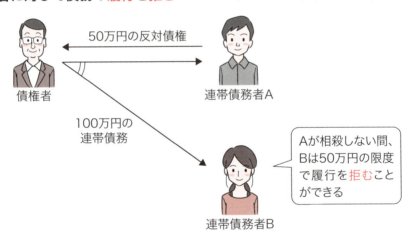

変更　**3　「債務の免除」が相対的効力事由に！**

　改正前の民法437条は、連帯債務者の1人に対してした債務の免除は、その連帯債務者の負担部分についてのみ、他の連帯債務者の利益のためにも、その効力を生ずると規定していた。

　しかし、債務の免除をした債権者が、他の連帯債務者との関係でも債務を免除する意思を有しているとは限らない。

　そこで、改正民法においては、**改正前の民法437条の規定を削除**し、その結果、**「債務の免除」は、原則的な**相対的**効力事由に**変更された。

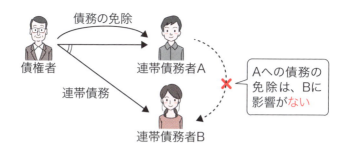

変更　**4　「時効の完成」が相対的効力事由に！**

　改正前の民法439条は、連帯債務者の1人のために時効が完成したときは、その連帯債務者の負担部分については、他の連帯債務者も、その義務を免れると規定していた。

　しかし、この場合、債権者は、債権の全額を保全するために、全ての連帯債務者に対して消滅時効の完成を阻止するための措置をとる必要があり、負担は重かった。また、改正民法では「履行の請求」が相対的効力事由となるため、債権者の負担はさらに重くなる。

　そこで、改正民法では、**改正前の民法439条の規定を削除**し、その結果、**「時効の完成」は、原則的な相対的効力事由**に変更された。

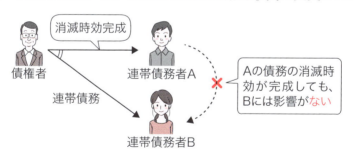

変更　**5　相対的効力の原則と例外に関する変更**

　連帯債務者の1人に生じた事由は、他の連帯債務者に対して、その効力を生じさせない相対的効力が原則である。ただし、**改正民法441条**は、この相対的効力の原則を維持したうえで、「ただし、**債権者及び他の連帯債務者の一人が別段の意思を表示**したときは、当該**他の連帯債務者に対する効力は、その意思に従う。**」と規定した。**意思表示に基づく例外**があることは知っておこう。

▶連帯債務のポイントのまとめ

- **原則**

  連帯債務とはいえ、**相対効**が原則！

  （他の債務者に影響はナシ）

  ↓

- **例外**

  コウ（更改）**サイ**（相殺）絶対！（絶対的効力）

  けっ**コンドウ**？（混同）は、絶対効！

  （上記の事由は、他の債務者へ影響が及ぶ）

  ↓

- **例外特殊**

  フタの部分（負担部分）操作しなけりゃ（相殺しない間）

  離婚を拒める（履行を拒める）

過去問の確認と予想問題

 過去問　平成23年度　問題31改題

連帯債務および連帯保証に関する次のア～オの記述のうち、正しいものの組合せはどれか。

エ　連帯債務において、債権者が連帯債務者の1人に対してした債務の履行の請求は、他の債務者にも効力を生じる。これに対し、連帯保証において、債権者が連帯保証人に対してした債務の履行の請求は、主たる債務者に対して効力が生じることはなく、主たる債務の時効の完成は猶予されない。

〔解説〕　改正前 ×　→改正後 ×

　改正前の民法434条は、連帯債務者の1人に対する履行の請求は、他の連帯債務者に対しても、その効力を生ずると規定していた。したがって、改正前の民法の下では、前段は正しい。また、同法458条によれば、債権者が連帯保証人に対してした履行の請求も主たる債務者に対して効力が生じ、主たる債務者の時効は中断する。したがって、改正前の民法の下では、後段は誤りである。

　一方、**改正民法441条本文**は、更改、相殺、混同の場合を除き、連帯債務者の1人について生じた事由は、原則として、他の連帯債務者に対してその効力を生じない旨を規定している。さらに、**同法458条**は、同法441条を、主たる債務者と連帯して債務を負担する**保証人**について生じた事由に準用している。したがって、改正民法の下では、改正前と反対に前段が誤りである。

予想問題

> **連帯債務に関する次の記述のうち、民法の規定及び判例によれば、正しいものはどれか。**
>
> 連帯債務者の一人が債権者に対して債権を有する場合において、その連帯債務者が相殺を援用しない間は、その連帯債務者の負担部分につき、他の連帯債務者が相殺を援用することができる。

〔解説〕　×

　改正前は本問のような規定が置かれていたが、**改正民法439条2項**では、**連帯債務者の1人が債権者に対して債権を有する場合**に、**その連帯債務者が相殺を援用しない間は、その連帯債務者の負担部分の限度**において、**他の連帯債務者は、債権者に対して債務の**履行を拒むことができるのみに変更された。**相殺を援用できる**わけではないので、誤っている。

15 負担部分を超えない弁済の求償権行使が明文化！

出題可能性 ★★

👆改正のポイント！

改正前	改正後
規定なし	➡**以下の判例理論が明文化**された ・連帯債務者は、**自らの負担部分を超えない額の弁済**を行った場合でも、**求償権を行使できる**（大判大6.5.3）
連帯債務者の弁済等を行った場合で、事前及び事後の通知義務を怠ったペナルティは、他の連帯債務者の存在を知らない場合にも適用される	➡連帯債務者の弁済等を行った場合で、事前及び事後の通知義務を怠ったペナルティは、**他の連帯債務者の存在を知らない**場合には、**適用されない**ことに**変更**された
連帯債務者の1人に対する債務の免除等は、負担部分の限度において、絶対的効力事由であった ➡他の連帯債務者も債務を免れていた	➡連帯債務者の1人に対する債務の免除、連帯債務者の1人のために完成した時効は、**相対的**効力に**変更**された ➡他の連帯債務者は、債務を免れないこととなったので、**債務の免除等を受けた連帯債務者に対して、求償権を行使することが可能**になった（新設）

　ここで紹介する改正点は、従来の判例理論の明文化であったり、試験対策上は細かい知識であるため、念のため、一読して確認しておく程度でよいであろう。

改正点の解説

明文化　1　負担部分にかかわらない求償権行使が明文化

　Dに対して、ABCが900万円の連帯債務（負担部分はABCともに300万円ずつ）を負っていたとする。連帯債務者の1人であるAが、自らの負担部分である300万円を超えない「180万円」をDに弁済した場合、AはBCに対して、求償権を行使できるだろうか。

　この点について、改正前の民法には規定がなかったが、判例（大判大6.5.3）は、**負担部分を超えるかどうかにかかわらず、各自の負担部分の割合に応じた額の求償権を有する**ことを認めていた。

　そこで、**改正民法442条1項**は、上記判例に従い、「**連帯債務者の一人が弁済**をし、その他**自己の財産をもって共同の免責**を得たときは、その連帯債務者は、その免責を得た額が**自己の負担部分を超えるかどうかにかかわらず、他の連帯債務者に対し**、その免責を得るために支出した財産の額(その財産の額が共同の免責を得た額を超える場合にあっては、その免責を得た額）のうち各自の**負担部分に応じた額の求償権を有する**。」と規定した。

　上記の例だと、Aは弁済した180万円のうち、3分の1ずつの負担部分に応じた**60万**円ずつをBCに対して求償することが**できる**。従来の解釈から実質的な変更はないが、間違えやすい部分なので、改めてここで確認しておこう。

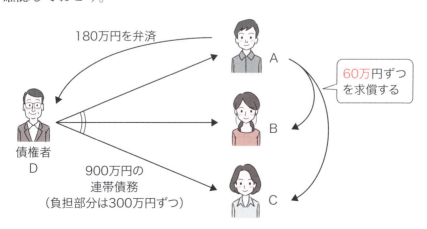

変更 **2 「事前・事後の通知」は、他の連帯債務者がいることを知りながら怠った場合にのみペナルティ**

　連帯債務者の１人が弁済等を行った場合、他の連帯債務者に影響を及ぼすことになるため、従来より、弁済等を行った連帯債務者には、他の連帯債務者に対する事前及び事後の通知義務があった。そして、この通知を怠った場合、求償権の行使が制限されるペナルティも規定されていた。

　しかし、弁済等を行う連帯債務者が、**他の連帯債務者の存在を知らない場合**にまで、**これらの通知を求めることは妥当ではないため**、**他の連帯債務者がいることを知りながら**、**事前及び事後の通知を怠った者**には、改正前と同じペナルティを負うものとされた。ペナルティの内容は、改正前と変わらないが、まとめると以下のようになる。

他の連帯債務者がいることを知りながら…

①「事前」通知を怠った場合（改正民法443条１項）

　他の連帯債務者が、**債権者に対抗できる事由（相殺できる債権など）**を有していたときは、その**負担部分について、その事由をもって免責を得た連帯債務者に対抗できる。**

　　➡この場合、**他の連帯債務者が相殺をもって**免責を得た連帯債務者に**対抗したとき、免責を得た連帯債務者は**、債権者に対し、**相殺によって消滅すべきであった債務の履行を請求**できる。

　つまり、過失の有無にかかわらず、通知を怠った連帯債務者が、債権者に債務の履行を請求できる。

②「事後」通知を怠った場合（改正民法443条２項）

　他の連帯債務者が善意で弁済等をした場合、その弁済行為等が有効であったとみなすことができる。

明文化　**3　資力のない者の負担部分は、資力のある者で分担**

　改正民法444条2項は、連帯債務者の中に償還をする**資力のない者**がある場合において、求償者及び他の資力のある者がいずれも負担部分を有しない者であるときは、その償還をすることができない部分は、**求償者及び他の資力のある者の間で、等しい割合で分割して負担**すると規定している。

削除　**4　改正前の民法445条は、削除された**

　改正前の民法445条は、**連帯債務者の1人が「連帯の免除」を得た場合**において、**他の連帯債務者の中に弁済をする資力のない者**があるときは、**債権者は、**その資力のない者が弁済をすることができない部分のうち**連帯の免除を得た者が負担すべき部分を負担**すると規定していた。

　しかし、債権者が連帯の免除をした場合であっても、免除を得た連帯債務者が負う求償の負担について、債権者自身が引き受けることを意図しているとは限らないこと等を踏まえ、**同条の規定**は、改正民法においては**削除**された。よって、資力のある連帯債務者が負担する。

新設　**5　債務の免除・時効が完成した連帯債務者に対しても、求償権の行使は可能である**

　86ページから述べたように、改正民法では、連帯債務者の1人に対する債務の免除及び連帯債務者の1人のために完成した時効を相対的効力事由としており、このような場合、債権者は、他の連帯債務者に対して、連帯債務の全部の履行を請求することができる。

　しかし、他の連帯債務者が弁済をしたにもかかわらず、債務の免除を受け、あるいは時効が完成した連帯債務者に対して求償権を行使することもできないことになると、弁済をした他の連帯債務者は、自らの負担部分を超えて負担を負うことになってしまう。

　そこで、**改正民法445条**は、連帯債務者の1人に対して債務の免除がされ、又は**時効が完成**した場合においても、**他の連帯債務者は、その1人の連帯債務者に対して、求償権を行使できる**と規定した。

⑮
負担部分を超えない弁済の求償権行使が明文化！

過去問　平成23年度　問題31

> 連帯債務および連帯保証に関する次のア〜オの記述のうち、正しいものの組合せはどれか。
>
> オ　連帯債務において、連帯債務者の1人が債務の全額を弁済した場合には、その連帯債務者は、他の連帯債務者に対し、各自の負担部分について求償することができる。これに対し、連帯保証において、連帯保証人の1人が債務の全額を弁済した場合には、その連帯保証人は、他の連帯保証人に対し、求償することはできない。

〔解説〕　改正前 ✕　→改正後 ✕

　改正前の民法442条によれば、連帯債務者の1人が弁済をし、その他自己の財産をもって共同の免責を得たときは、その連帯債務者は、**他の連帯債務者に対し**、各自の負担部分について**求償権**を有する。よって本肢の前段は正しい。また、改正民法442条では、それに加えて、負担部分を超えるかどうかにかかわらず、各自の**負担部分**に応じた額の求償権を有することが明文化された。

　一方、**連帯保証人**について生じた事由について定めた改正前の民法458条は同法434条を、改正民法458条は同法441条をそれぞれ準用している。したがって、改正の前後を通じて後段は誤りである。

　改正448条、457条、458条等（債権総則）

16 連帯保証人への「履行の請求」は、主債務者に影響なし！

出題可能性　★★

改正のポイント！

改正前	改正後
規定なし	➡以下の通説が明文化された ①主債務の目的又は態様が保証契約の締結後に加重されたときでも、保証人の負担は加重**されない** ②保証人は、主債務者が主張できる抗弁をもって、債権者に対抗**できる** ③主債務者が債権者に対して相殺権、取消権又は解除権を有するとき、これらの権利行使により、**主債務者がその債務を免れるべき限度**で、保証人は、債権者に対して債務の**履行**を**拒む**ことができる
連帯保証人に対する、履行の請求、更改、相殺、免除及び混同は、主債務者に対しても効力が生じる	➡連帯保証人に対する**「履行の請求」**は、**主債務者に対してその効力を生じない** ➡連帯保証人に生じた事由の主債務者への効力について、**債権者及び主債務者が別段の意思表示**をすれば、**その意思**に従う

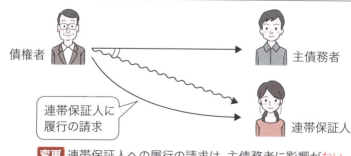

債権者　　　　　　　　　　　　　　　　主債務者

連帯保証人に履行の請求　　　　　　　　　　　　連帯保証人

変更 連帯保証人への履行の請求は、主債務者に影響が**ない**

改正点の解説

明文化　**1　主債務が加重されても保証債務は加重されない旨が明文化された**

　保証人の関与なくして、保証人の負担が加重されるのは相当でないことから、従来より、保証契約の締結後、主たる債務が加重されたとしても、保証債務は影響を受けないものと考えられてきた。

　この通説に従い、**改正民法448条2項**は、**主たる債務の目的又は態様が保証契約の締結後に加重**されたときでも、**保証人の負担は加重されない**旨を明文化している。

明文化　**2　主債務者の債権者に対する抗弁を、保証人も主張することができる**

　保証債務は、主債務の履行を担保するものであることから、従来より、保証人は、主債務者が債権者に対して主張できる抗弁を主張できると考えられてきた。

　この通説に従い、**改正民法457条2項**は、**保証人は、主たる債務者が主張することができる抗弁**をもって**債権者に対抗することができる**旨を明文化している。

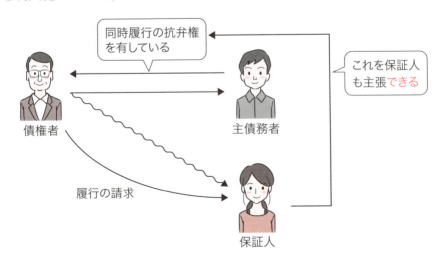

明文化　**3　保証人の債務履行拒否権が明文化された**

　従来より、主たる債務者が債権者に対して相殺権、取消権又は解除権を有するとき、保証人は、債権者に対して債務の履行を拒むことができると考えられていた。

　この通説に従い、**改正民法457条3項**は、**主たる債務者が債権者に対して相殺権、取消権又は解除権を有する**ときは、これらの権利の行使によって**主たる債務者**がその債務を**免れるべき限度**において、**保証人は、債権者に対して債務の履行を拒むことができる**旨を明文化した。

　前ページの改正点も含めて、この辺は**従来からの解釈に変更はない**ので、試験対策上は気にする必要がないであろう。

変更　**4　連帯保証人について生じた事由の効力について、規定が整備された**

　改正前の民法458条は、連帯債務に関する規定を準用し、連帯保証人について生じた事由は、原則として、主債務者に対しては効力を生じないとしたうえで、履行の請求、更改、相殺、免除及び混同については、主債務者に対してもその効力が生じるとしていた。

　この点、特に「履行の請求」が保証人に対してあったことを知らない主債務者は、不測の損害を被るおそれがある一方、連帯保証人について生じた事由が、原則として、主債務者に対してはその効力を生じないという規定は合理性がある。

　そして、債権者と主債務者の間で、連帯保証人に生じた事由が主債務者に対しても効力が生じることを合意していた場合、その合意の効力を認めても不当ではない。

　そこで、**改正民法458条**は、**連帯保証人について生じた事由**は、**原則として、主債務者に対してはその効力を生じない**という規定を維持しつつ、①連帯保証人に対する「**履行の請求**」は、**主債務者に対してその効力を生じない**としながらも、②**債権者及び主債務者**が、**別段の意思**を表示していた場合、**連帯保証人に生じた事由の主債務者に対する効力**は、**その意思に従う**とした。

過去問　平成29年度　問題32

> 共同事業を営むAとBは、Cから事業資金の融資を受けるに際して、共に弁済
> 期を1年後としてCに対し連帯して1,000万円の貸金債務（以下「本件貸金債
> 務」という。）を負担した（負担部分は2分の1ずつとする。）。この事実を前提
> とする次の記述のうち、民法の規定および判例に照らし、妥当でないものはど
> れか。

> 5　本件貸金債務につき、AがCに弁済した後にBに対してその旨を通知しな
> 　かったため、Bは、これを知らずに、Aに対して事前に弁済する旨の通知をし
> 　て、Cに弁済した。この場合に、Bは、Aの求償を拒み、自己がAに対して
> 　500万円を求償することができる。

〔解説〕　改正前 ○　→改正後 ○

　改正民法**443条2項**によれば、弁済により共同の免責を得た連帯債務者が、その**免責を得たことを他の連帯債務者に通知することを怠った**ため、他の連帯債務者が善意で弁済をしたときは、当該他の連帯債務者は、その**免責を得るための行為を有効であったものとみなす**ことができる。この点、改正前と改正後の規定の内容に大きな変更はない。

　共同の免責を得た連帯債務者が、**他の連帯債務者の存在を知らなかった場合のみ**、事後求償が**できなくなった**ことが変更点である。

　したがって、Bは、善意でCに弁済しているから、Aの求償を拒むことができ、Aに対して500万円を求償することができる。

個人保証の制限や、債権者等の情報提供義務が新設された！

出題可能性　★

改正のポイント！

改正前	改正後
規定なし	➡事業のために負担した貸金等債務を主債務とする個人の保証契約又は主債務の範囲に事業のために負担する貸金等債務が含まれる個人の根保証契約は、契約締結に先立ち、契約締結日前1か月以内に作成された公正証書によって、保証人になろうとする者が保証債務を履行する意思を表示しなければ、効力を生じない
規定なし	➡主債務者は、事業のために負担する債務を主債務とする個人の保証又は主債務の範囲に事業のために負担する債務が含まれる個人の根保証の委託をするとき、委託を受ける者に対し、財産及び収支の状況等の情報を提供しなければならない ➡この情報提供を怠った場合、一定の要件で、保証債務が取り消されうる
規定なし	➡保証人の請求に基づき、債権者に、保証人に対する、主債務の履行状況等の情報の提供義務が新設された
規定なし	➡債権者に、保証人に対する、主債務者が「期限の利益を喪失」した場合の情報提供義務が新設された

改正点の解説

新設 1 「個人保証」の成立への制限が新設された

　従来より、**個人が保証を行う場合の危険性は社会問題となっており**、改正の必要性も指摘されてきた。そこで、今回の改正では、個人が保証を行う一定の場合に、そもそも成立を制限する規定や、主債務者等への情報提供義務を求める規定が新設されている。

　まず、**改正民法465条の6第1項**では、原則として、**事業のために負担した貸金等債務を主たる債務とする個人の保証契約**又は**主たる債務の範囲に事業のために負担する貸金等債務が含まれる個人の根保証契約**は、契約締結に**先立ち**、契約締結日前**1か月**以内に作成された**公正証書**によって、保証人になろうとする者が**保証債務を履行する意思を表示**していなければ、**その効力を生じない**としている。

ONE POINT!! ちょこっとコメント

　しばらくの間、そこまでは出題されないと予想するが、上記の「公正証書」を作成する方式についても、改正民法では細かく規定されている。

　例えば、**主債務者が債務を履行しない**場合、**保証人は、諸々全額を履行する意思を有することを公証人に口授**しなければならず（改正民法465条の6第2項1号）、**公証人は、保証人になろうとする者の口述を筆記し、読み聞かせるか閲覧させて、保証人になろうとする者の署名押印**を求める手続が必要となる（同条項2号等）。

　それだけ個人保証の危険性を踏まえた、慎重な規定となっており、今後の金融のあり方に大きな影響を与える改正となっている。

　なお、これらの規定は、あくまでも「**個人**」が保証人となる場合の話であり、**保証人になろうとする者が法人である場合等には、適用されない**。

新設　2　「主債務者」に対して、契約締結時に、保証人への情報提供を行う規定が新設された

　改正民法465条の10は、**主債務者は、事業のために負担する債務を主債務とする個人の保証又は主債務の範囲に事業のために負担する債務が含まれる個人の根保証の委託をするときは、委託を受ける者に対し、**財産及び収支の状況、主債務以外に負担している債務の有無並びにその額及び履行状況、主債務の担保として他に提供し、又は提供しようとするものがあるときは、その旨及びその内容といった**情報を提供しなければならない**と規定した。

　そして、**主債務者がこの情報を提供せず、又は事実と異なる情報を提供**したために、委託を受けた者がその事項について誤認をし、それによって保証契約の申込み又はその承諾の意思表示をした場合、この主債務者の行為を**債権者が知り又は知ることができた**ときは、保証人は、保証契約を取り消すことができる。

新設　3　「債権者」に、保証人に対する主債務の履行状況に関する情報の提供義務が新設された

　保証人にとって、債権者が把握している主債務の履行状況に関する情報は、重要な情報である。

　そこで、改正民法458条の2は、**保証人が主たる債務者の委託を受けて保証**をした場合において、**保証人の請求**があったとき、**債権者は、保証人に対して、**遅滞なく、**主債務の元本**及び主債務に関する利息、違約金、損害賠償その他その債務に**従たる全てのもの**についての**不履行の有無**並びにこれらの**残額**及びそのうち**弁済期が到来しているものの額**に関する**情報を提供しなければならない**と規定した。

新設　4　「債権者」に、主債務者が「期限の利益を喪失」した場合の情報提供義務が新設された

　保証人の責任は、主債務者が支払を遅滞してしまうと、日々発生する遅延損害金によって増大していく。そのため、主債務者が期限の利益を喪失したことを保証人が知ることができれば、保証人は早期に支払をす

❶❼　個人保証の制限や、債権者等の情報提供義務が新設された！

ることで、多額の遅延損害金の発生を防ぐことができる。

そこで、**改正民法458条の3**は、1項で「**主たる債務者が期限の利益を有する場合**において、**その利益を喪失**したときは、**債権者は、保証人に対し**、その利益の喪失を知った時から2箇月以内に、**その旨を通知しなければならない。**」と規定し、2項で「前項の期間内に同項の**通知をしなかった**ときは、債権者は、保証人に対し、主たる債務者が**期限の利益を喪失した時から同項の通知を現にするまでに生じた遅延損害金**（期限の利益を喪失しなかったとしても生ずべきものを除く。）**に係る保証債務の履行を請求することができない。**」と規定している。

また、3項は「前2項の規定は、**保証人が法人である場合には、適用しない。**」と規定し、これらの規定が、保証人が個人である場合にのみ適用されることを明示している。

予想問題

 予想問題

> **保証に関する次の記述のうち、民法の規定によれば、正しいものはどれか。**
>
> 保証人が主たる債務者の委託を受けて保証をした場合、債権者は保証人に対して、一定の期間ごとに、主たる債務の元本やその利息等の残額に関する情報を提供しなければならない。

〔解説〕 ×

保証人が主たる債務者の委託を受けて保証をした場合に、保証人の請求があったときは、債権者は、保証人に対して、遅滞なく主たる債務の元本及び主たる債務に関する利息、違約金、損害賠償その他その債務に従たる全てのものについての不履行の有無並びにこれらの残額及びそのうち弁済期が到来しているものの額に関する情報を提供しなければならない。

「保証人」に対する情報提供義務は、保証人の請求が要件となっており、それがなくとも一定の期間ごとに自動的に発生するわけではない。

18 保証人の求償権に関する規定が整備された

出題可能性　★

改正のポイント！

改正前	改正後
委託を受けた保証人が主債務を消滅させた場合、主債務者に対して求償権を有する	➡主債務者に対する求償額（最大でも消滅した主債務額）が新設された
主債務の弁済期前における保証人の求償権行使の可否について、規定なし	➡以下の判例理論が明文化された ・保証人の求償権行使ができる時期について、主債務の弁済期後とされた（大判大3.6.15）
委託を受けた保証人が、弁済期前に債務の消滅行為をした場合の求償権について、規定なし	➡委託を受けた保証人が、弁済期前に債務の消滅行為をした場合、主債務者に対し、主債務者がその当時利益を受けた限度において求償権を有すると規定された
委託を受けた保証人が、事前の通知なく弁済等をした場合、連帯債務の規定を準用	➡実質的には同じだが、「保証」用に規定が整備された

　ここで紹介する改正点は、「保証人の求償権の整備」についてである。試験対策上は、少し細かい知識ではあるため、念のため一読して、確認しておく程度でよいであろう。

■ 改正点の解説

新設 1 委託を受けた保証人の求償額が明文化

　改正前の民法459条1項では、保証人が主債務の消滅行為を行った場合、主債務者に「求償権を有する」と規定するのみで、求償権行使の範囲が不明であった。

　この点、**改正民法459条1項**は、**保証人が主債務者の委託を受けて保証**をした場合において、その**保証人が弁済その他自己の財産をもって債務を消滅させる行為**をしたとき、保証人は、主債務者に対し、支出した財産額（その財産額が消滅した主債務額を超える場合は、その消滅額）の**求償権を有する**と規定した。

　要するに、**支出した財産額**が、**消滅した債務額よりも大きい**ときは、**消滅**した（**主債務**）**額までしか求償できない**、という従来の解釈の明文化である。

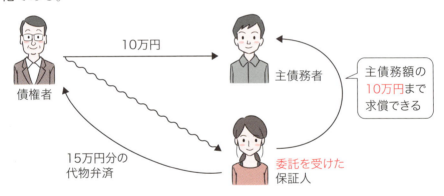

明文化 2 主債務の「弁済期前」は、求償権を行使できない

　従来より、保証人が、主債務の弁済期前に債務の消滅行為をした場合、主債務の「弁済期前」に保証人に求償権行使を認めると、主債務者は期限の利益を喪失したのと同じ結果となるため、**保証人の求償権行使は、主債務の弁済期後に限る**と解されていた（大判大3.6.15）。

　この判例に従い、**改正民法459条の2第3項及び462条3項**は、主債務の弁済期前に保証人が債務の消滅行為をしたとしても、**保証人は、主債務の弁済期以後**でなければ、**求償権を行使できない**と規定した。

新設　3　委託を受けた保証人が「弁済期前」に弁済等をした場合の求償の範囲が整備された

　前ページで触れたとおり、主債務の弁済期前に、保証人が債務の消滅行為をすることは、主たる債務者の委託の趣旨に反しうる。

　そこで、**改正民法459条の2第1項前段**は、「**保証人が主たる債務者の委託を受けて保証**をした場合において、**主たる債務の弁済期前に債務の消滅行為をしたときは、その保証人は、**主たる債務者に対し、**主たる債務者がその当時利益を受けた限度において求償権を有する。**」と規定した。

　また、**同条1項後段**は、「**主たる債務者が債務の消滅行為の日以前に相殺の原因を有していたことを主張**するときは、保証人は、**債権者**に対し、**その相殺によって消滅すべきであった債務の履行を請求することができる。**」と規定した。

　例えば、主債務者が主債務を相殺してしまおうと考えていたのに、保証人が履行してしまった場合、保証人からの求償権行使に対して、**主債務者は、相殺するつもりだったので、求償には応じない**といえるのが前段の話であり、**その場合、**保証人を保護するため、**主債務者が相殺で消滅させるつもりであった額**について、保証人は、**債権者**に履行を請求できるという話が**後段**である。

　なお、**同条2項**は、この求償権について「主たる債務の**弁済期以後の法定利息及びその弁済期以後に債務の消滅行為をしたとしても避けることができなかった費用その他の損害の賠償を包含**する。」と規定して、保証人を保護している。

変更　4　保証人が「事前通知」を行わないで履行した場合

　改正民法463条1項前段は、保証人が主債務者の**委託を受けて保証をした場合**において、**主債務者にあらかじめ通知しないで債務の消滅行為をしたとき、主債務者は、債権者に対抗できた事由をもって、その保証人に対抗できる**と規定している。

　なお、この場合に**主債務者が、相殺をもって保証人に対抗したとき、保証人は、債権者**に対して、相殺によって消滅すべきであった債務の履行を請求することができる（同条後段）。

予想問題

> A銀行のB社に対する貸付債権につき、Cは、B社の委託を受けその全額につき連帯保証するとともに、物上保証人として自己の所有する土地に担保設定している。DもB社の委託を受け全額につき連帯保証している。保証人各自の負担部分は平等である。A銀行とB社、C及びDとの間にその他特段の約定はない。この場合に関する次の記述のうち、民法の規定及び判例によれば、誤っているものはどれか。
>
> Cが、A銀行に対して債権全額につき保証債務を履行した場合、その全額につきB社に対する求償権を取得する。

〔解説〕 改正前 ◯ →改正後 ◯

　連帯保証人には分別の利益は認められない。そして、委託を受けた保証人が、主債務者に代わって債務を履行した場合の求償の範囲は、**改正民法459条1項**によれば、原則として、**支出**した額の**全額**である。ただし、**保証人の支出した財産額が、消滅した主債務額を超える場合**は、**その消滅した主債務額**までとなる。Cは、A銀行のB社に対する債権の全額につき保証債務を履行してB社の主債務を消滅させている。したがって、その全額につきB社に対する求償権を取得するから、正しい。

 予想問題

> 保証に関する次の記述のうち、民法の規定及び判例によれば、正しいものはどれか。
>
> 保証人が主たる債務者の委託を受けて保証をした場合において、主たる債務の弁済期前に債務の消滅行為をしたときは、その保証人は、主たる債務者に対し、主たる債務者がその当時利益を受けた限度において求償権を有する。

〔解説〕 ◯ （改正民法459条の2第1項前段により**正しい**）

第1章　令和2年度試験からの出題範囲 　改正466条〜466条の5（債権総則）

⑲ 譲渡制限の意思表示があっても、債権譲渡の効力が肯定！

出題可能性　★★

 改正のポイント！

改正前	改正後
譲渡禁止特約の付いた債権譲渡は、譲受人が悪意・重過失の場合、無効と解されていた（民法466条2項、判例）	➡当事者が債権譲渡を禁止し、又は制限する旨の意思表示（譲渡制限の意思表示）をしたときでも、債権譲渡の効力は**妨げられない（有効）**と変更した ➡譲渡制限の意思表示につき**悪意**又は**重過失**ある譲受人等に対して、債務者は、その債務の**履行**を**拒む**ことができ、かつ、譲渡人に対する弁済その他の債務を消滅させる事由をもって対抗できると変更した（弁済の相手方を固定できる効果）
譲渡禁止特約の付いた債権が譲渡された場合、譲受人が特約の存在を知っているか否かを債務者が知ることができないときは、債務者は供託できた	➡譲渡制限の意思表示がされた債権が譲渡された場合、債務者は**供託**できるとされた
譲渡禁止特約の付いた債権の債務者は、債権者の差押債権者に対して、譲渡禁止特約を対抗できないと解されていた（最判昭45.4.10）	➡左記判例が**明文化**され、また、「**債権者**」や「**譲受人**」等に対する差押債権者と、債務者との関係が整備された（110ページ以降参照）

■ 改正点の解説

変更 1 譲渡制限の意思表示をしていたとしても、債権譲渡の効力が認められることに！

改正前の民法では、債権譲渡の禁止特約に関して、この特約が付された債権譲渡は、譲受人が特約につき悪意・重過失である場合、無効であると解されていた。そして、この無効の効力は強く（物権的効力）、当事者間でも譲渡当事者間でも譲渡自体が無効になると解されていた。

しかし、**改正民法466条2項**は、**当事者が債権の譲渡を禁止**し、又は**制限する旨の意思表示（譲渡制限の意思表示）**をしたときであっても、**債権の譲渡は、効力を妨げられない（有効）**と変更した。

その上で、債務者としてみれば、譲渡制限の意思表示には、弁済の相手方を固定したいという期待も込められているので、この期待を保護すべく、**譲渡制限の意思表示**がされたことにつき、**悪意又は重過失のある譲受人**その他の第三者に対しては、**債務者は、その債務の履行を拒む**ことができ、かつ、**譲渡人に対する弁済その他の債務を消滅させる事由をもって、その第三者に対抗することができる**と規定した（**同条3項**）。

まず、押さえたいことは、改正前の民法においては、譲渡禁止特約の効力が強く、譲受人が善意・無重過失でない限り、譲渡自体の効力が無効とされていたが、**改正民法では、譲渡制限の意思表示について、譲受人が悪意・重過失**であったとしても、**譲渡自体の効力は有効**であり、**債務者は履行を拒める等にすぎない**、ということである。なお、旧債権者は、譲渡禁止特約違反について、債務者から債務不履行責任を追及される可能性がある。

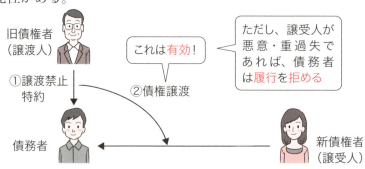

旧債権者
（譲渡人）

これは有効！

ただし、譲受人が
悪意・重過失で
あれば、債務者
は履行を拒める

①譲渡禁止
特約

②債権譲渡

債務者

新債権者
（譲受人）

そしてもう1つ、これは結局のところ、**当該債権の譲受人等が、譲渡制限の意思表示について悪意・重過失である**場合、**債務者は、弁済の相手方を固定することができる、**という効果がある。

▶**譲渡制限の意思表示が付いた債権譲渡について**

①**この債権譲渡は、有効か？**　　　　　　➡有効

↓

②**譲受人等がその意思表示について**
　悪意・重過失があっても、有効か？　➡有効

↓

③**その場合、債務者は誰に弁済する？**　➡元の債権者（弁済相手を固定できる効果）

なお、**上記③**に関して、**債務者が元の債権者にも弁済しない**場合、**悪意・重過失のある譲受人**は、**債務者に対して、譲渡人への履行を催告**することができる。そして、この催告をしたにもかかわらず、債務者が履行しない場合、債務者は譲受人からの履行請求を拒むことができなくなる（**改正民法466条4項**）。

ONE POINT!! **ちょこっとコメント**

　いくら「譲渡制限の意思表示があっても債権譲渡は有効！」と規定されたとしても、債務者には、債権譲渡は勘弁してね…という思いがあろう。そこで、譲渡制限の意思表示を知っていたり、その点に重過失がある譲受人に対しては、「君には弁済しない」と債務者に言わせる権利を認めたのである。

2 譲渡制限の意思表示がされた債権が譲渡された場合、債務者は供託できる

　改正前の民法では、**譲渡制限の意思表示のある債権の譲渡**については、**譲受人がそれを知っているか又は重過失があるか否かで、譲渡の有効性が左右**された。そこで、譲受人が譲渡禁止特約の存在を知っているか否かを債務者が知ることができないとき、債務者は、債権者不確知を原因とする弁済供託（改正前民法494条）ができると解されており、これによって、弁済の相手方を誤るリスクを避けることができた。

　この点、**改正民法**によれば、譲渡制限の意思表示があったとしても、**債権譲渡は有効となる**ため、債権者不確知を原因とする供託ができなくなった。

　とはいえ、譲渡制限の意思表示を譲受人が知っていたかによって、債務者が"綺麗に"弁済できる相手方が異なってくるので（債務者が譲受人等に任意で弁済することは可能）、改正前と同様に、供託によって弁済の相手方の判断を誤るリスクを回避させる必要性がある。

　そこで、**改正民法466条の2第1項**は、**新たな供託原因を創設**し、**譲渡制限の意思表示がされた金銭債権が譲渡**された場合、**債務者は、供託をすることができる**としている。細かい知識なので、試験対策上は、余力があれば覚えておく程度でよい。

3 譲渡制限の意思表示がされた債権の差押えに関する規定が整備された

　譲渡制限の意思表示が付された債権を有する者が、その債権について、差押え及び強制執行を受けることがある。

　この点について、従来の判例（最判昭45.4.10）は、債務者は、債権者の差押債権者に対して、譲渡制限特約を対抗できないとしていた。当事者間の合意によって、強制執行をすることができない財産を作り出すこととなるのは不当であるからである。

　そして、**改正民法466条の4第1項**は、債権の譲受人（悪意・重過失）に対して、履行を拒めること等を規定した466条3項の規定について、**「譲渡制限の意思表示がされた債権**に対する**強制執行をした差押債権者**

に対しては、**適用しない。**」と規定し、上記判例を明文化している。

　つまり、**「債権者」**に対する差押債権者は、譲渡制限の意思表示を知っていたり、重過失があったとしても、当該債権を差し押さえることができるということである。

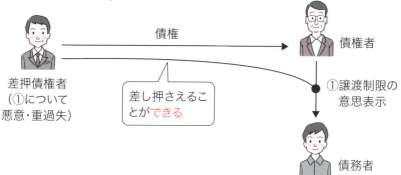

差押債権者（①について悪意・重過失）

債権 → 債権者

差し押さえることができる

①譲渡制限の意思表示

債務者

　そして、上記問題とは別に、**当該債権の「譲受人」その他の第三者**が、譲渡制限の意思表示について**悪意又は重過失**である場合、**その「譲受人」等の債権者**が、譲渡制限の意思表示が付された債権に対する**強制執行**をしたときは、**債務者は、その債務の履行を拒む**ことができ、かつ、譲渡人に対する弁済その他の債務を消滅させる事由をもって**差押債権者に対抗することができる（改正民法466条の4第2項）**。「譲受人」の債権者に、「譲受人」以上の権利を与えるのは行き過ぎであるからである。

過去問の確認と予想問題

 過去問　平成29年度　問題45改題

債権譲渡に関する次の記述のうち、民法の規定及び判例によれば、誤っているものはどれか。

AはBに対して100万円の売買代金債権を有していたが、同債権については、A・B間で譲渡禁止特約が付されていた。しかし、Aは、特約に違反して、上記100万円の売買代金債権をその弁済期経過後に、Cに対して譲渡し、その後、Aが、Bに対し、Cに譲渡した旨の通知をした。Cは、譲受債権に譲渡禁止特約が付さ

れていることを、重大な過失により知らなかった。Bは、その通知があった後直ちに、Aに対し、上記特約違反について抗議しようとしていたところ、Cが上記100万円の売買代金の支払を請求してきた。この場合、Cは有効に当該代金債権を取得するから、Bは、Cの請求に応じなければならない。

〔解説〕 改正前 ×　→改正後 ×

改正前の判例によれば、譲渡禁止の特約のある債権の譲受人は、その特約の存在を知らないことにつき**重大な過失**があるときは、その債権を**取得しえない**（最判昭48.7.19）。したがって、Cは本件売買代金債権を取得できないから、Bは、Cの請求に応じる必要はなく誤りである。

改正民法466条2項は、当事者が譲渡制限の意思表示をしたときであっても、債権の譲渡は、その効力を妨げられないと規定している。しかし、同条3項前段により、譲受人が、譲渡制限の意思表示がされたことを**知り**、又は**重大な過失**により知らなかった場合は、債務者は、その債務の履行を拒むことができる。したがって、Bは、Cの請求を**拒むことができる**から、改正後も誤りである。

 予想問題

> 債権譲渡に関する次の記述のうち、民法の規定によれば、正しいものはどれか。
>
> AがBに対して有する債権に譲渡制限の意思表示が付されているところ、譲渡制限特約につき悪意のAの債権者Cが、当該債権を差押さえ、転付命令を得た。この場合、Bは、Cへの支払いを拒むことができる。

〔解説〕 ×

改正民法466条の4第1項によれば、同法466条3項の規定（譲渡制限の意思表示につき、**悪意又は重過失**のある譲受人その他の第三者に対しては、債務者はその債務の履行を拒むことができる）は、譲渡制限の意思表示がされた債権に対する強制執行をした**差押債権者**に対しては**適用しない**と規定している。したがって、Bは、本件債権を差押さえ、転付命令を得たCへの支払を拒むことはできない。

第1章　令和2年度試験からの出題範囲

20 「異議をとどめない承諾」の制度が廃止された！

出題可能性　★★★

改正のポイント！

改正前	改正後
規定なし	➡以下の判例理論が明文化された ①将来発生する債権の譲渡は可能である（最判平11.1.29） ②対抗要件は、通常の債権譲渡と同じ（譲渡人の債務者への通知又は債務者の承諾）とされた（最判平13.11.22）
債権譲渡の債務者が異議をとどめない承諾をしたとき、譲渡人に対抗できた事由をもって、譲受人に対抗できない	➡「異議をとどめない承諾」の規定が削除された
規定なし	➡以下の判例理論が明文化された ・債務者は、対抗要件具備時より前に取得した、譲渡人に対する債権による相殺をもって、譲受人に対抗できる（最判昭50.12.8）

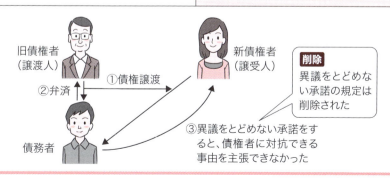

旧債権者（譲渡人）　新債権者（譲受人）

①債権譲渡
②弁済

債務者

削除
異議をとどめない承諾の規定は削除された

③異議をとどめない承諾をすると、債権者に対抗できる事由を主張できなかった

改正点の解説

明文化 **1　将来発生する債権の譲渡が明文化された**

　将来債権の譲渡とは、将来発生する債権を売買等によって譲渡し、又はこれを担保に供する目的で譲渡することをいう。改正前の民法では、将来債権の譲渡の可否について、条文上明確にされていなかった。

　しかし、従来から、判例は将来債権の譲渡を認め、実務上でも将来債権の譲渡が用いられていたため、**改正民法466条の6第1項**は、**将来債権の譲渡が可能**であることを**明らかにする旨の規定を明文化**した。

　また、**改正民法467条1項**は、判例（最判平13.11.22）を踏まえ、将来債権の譲渡について、**すでに発生している債権の譲渡と同様の方法（譲渡人による債務者への通知又は債務者の承諾）**によって、**対抗要件を具備**することができる旨を**明文化**している。

新設 **2　将来発生する債権の譲渡後に締結された譲渡制限特約の効力についての規定が新設された**

　将来債権が譲渡され、譲受人が対抗要件を具備した後は、譲渡人はすでに債権の処分権を実質的に失っているといえるから、債務者と譲渡人との間で譲渡制限の意思表示をすることはできないと考えるのが相当である。

　他方、対抗要件の具備前に譲渡制限の意思表示がされたのであれば、その効力を譲受人にも対抗することができるようにするのが適切と考えられる。

　そこで、**改正民法466条の6第3項**は、**譲渡人が対抗要件を具備する時までに譲渡制限の意思表示**がされたときは、**譲受人その他の第三者がそのことを知っていたものとみなして**、改正民法466条3項（**悪意・重過失の譲受人等への履行を拒める規定**）等の規定を適用するとしている。

　逆に、**対抗要件の具備後**に譲渡人と債務者との間で**譲渡制限の意思表示**がされた場合には、**債務者は、譲渡制限の意思表示を譲受人に対抗することができない。**

削除 **3　「異議をとどめない承諾」の規定が削除された！**

　改正前の民法468条1項は、債務者が異議をとどめないで債権の譲渡の承諾をしたとき、債務者は譲渡人に対抗することができた事由があったとしても、これをもって譲受人に対抗できないと規定していた。いわゆる「無留保承諾」であり、有名な規定であった。

　しかし、単に債権が譲渡されたことを認識した旨を債務者が通知しただけで、抗弁を対抗できなくなるというのは債務者に酷である。そこで、**改正民法**では、**異議をとどめない承諾に関する規定を**削除して、**この制度を**廃止した。

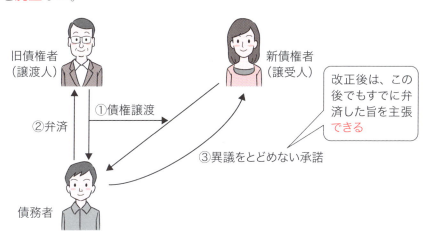

　旧債権者（譲渡人）　　新債権者（譲受人）

改正後は、この後でもすでに弁済した旨を主張できる

①債権譲渡
②弁済
③異議をとどめない承諾
債務者

明文化 **4　債権譲渡と相殺権の関係が明文化された**

　改正前の民法468条2項は、譲渡人が譲渡の通知をしたにとどまるとき、債務者は、その通知を受けるまでに譲渡人に対して生じた事由をもって譲受人に対抗することができると規定していた。

　この規定に関して、債務者が譲渡の通知を受ける前から、譲渡人に対して反対債権を有していた場合、債務者はその反対債権をもって、譲受人に相殺を主張できるのか争いがあった。

　この点について、改正民法469条1項は、**債務者は、原則として、**対抗要件具備**時より**前**に取得した、譲渡人に対する債権による相殺を**もって、**譲受人に対抗することが**できると規定した（次ページ図参照）。これは最判昭50.12.8の明文化といえる。

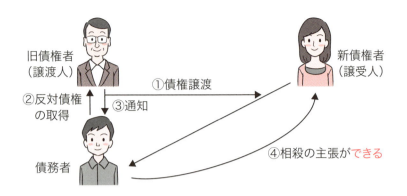

図中のラベル：
- 旧債権者（譲渡人）
- 新債権者（譲受人）
- ①債権譲渡
- ②反対債権の取得
- ③通知
- 債務者
- ④相殺の主張ができる

　なお、**同条２項**は、**対抗要件具備時より後に取得**した**譲渡人に対する債権**であっても、**債務者が「他人の債権」を取得した場合を除いて**、その債権が、①対抗要件具備時より前の原因に基づいて生じた債権であるとき、②譲受人の取得した債権の発生原因である契約に基づいて生じた債権であるときは、その債権による**相殺が可能**であるとしている。

　対抗要件を具備した後に取得した債権でも、**譲受人に相殺を対抗できるケースに「他人の債権」を取得した場合が除かれる**点は、注意が必要である。

予想問題

 予想問題

> **Aが、Bに対する債権をCに譲渡した場合に関する次の記述のうち、民法の規定及び判例によれば、正しいものはどれか。**
>
> Aに対しAから債権譲渡を受ける前に取得した貸金債権を有していたBは、Aから債権譲渡の通知を受けるまでに、異議をとどめない承諾をせず、相殺の意思表示もしていなかった。その後、Bは、Cから支払請求を受けた際に、Aに対する貸金債権との相殺の意思表示をしたとしても、Cに対抗することはできない。

〔解説〕　✕

　改正前の民法468条2項によれば、債権譲渡がされた場合に、債務者は、譲渡の「通知を受けるまでに譲渡人に対して生じた事由」をもって債権の譲受人に対抗することができたが、譲受人に対して相殺の抗弁を対抗するための具体的な要件は明らかではなく、議論の対象とされてきた。

　改正民法469条1項1号は、債務者は、**対抗要件具備時より前に取得した譲渡人に対する債権**をもって譲受人に対抗**できる**と規定しているため、Bは、Cに相殺をもって対抗**できる**。

 予想問題

> **Aが、Bに対して有する金銭債権をCに譲渡した場合に関する次の記述のうち、民法の規定及び判例によれば、誤っているものはどれか。**
>
> Bが既にAに弁済していたにもかかわらず、Bが、AのCに対する譲渡を異議をとどめないで承諾した場合、Bは、当該債権について既に弁済したことをCに主張することができない。

〔解説〕　✕

　改正前の民法では、債務者が異議をとどめないで承諾をしたときは、譲渡人に対抗することができた事由があっても、これをもって譲受人に対抗することができなかった。よって、本問のBは、譲受人Cに対しては弁済の事実を主張することはできず、正しい内容であった。

　しかし、**改正後は異議をとどめない承諾が廃止**されたため、Bが異議をとどめない承諾をした場合においても、**Cに対して弁済の事実を主張することができる**。

21 債務引受の要件と効果が明文化された！

出題可能性 ★★

改正のポイント！

改正前	改正後
規定なし	➡以下の判例理論及び一般的な解釈が明文化された ①併存的債務引受の要件と効果が、明文化された（最判昭41.12.20等） ②免責的債務引受の要件と効果が、明文化された ③契約上の地位の移転の要件が、明文化された

〔併存的債務引受〕 **明文化**

債権者

連帯債務の関係となる

元の債務者　　債務の引受人

〔免責的債務引受〕 **明文化**

債権者

契約関係から離脱

元の債務者　　債務の引受人

■ 改正点の解説

明文化　1　「併存的債務引受」の要件と効果

　「**債務引受**」とは、債権譲渡の"債務者"版のようなもので、債務者が負っている**債務の同一性を保ったまま**、債務の引受人となる者に、当該**債務を移転**することである。

　「債務引受」には、元の債務者が債務を負った状態を維持しつつ、引受人も同じ債務を引き受ける**「併存的債務引受」**と、債務引受によって、元の債務者が債務を免れる**「免責的債務引受」**があり、改正前の民法では規定がなかったものの、いずれも判例法理で認められていたものである。改正民法では、これらの**要件や効果が明文化**された。

　さらに、契約に係るすべての権利義務を第三者に承継する**「契約上の地位の移転」**についても、これまでの解釈をもとに**明文化**されている。

　「併存的債務引受」は、以下の要件で行うことができる（改正民法**470条2項、3項**）。

　①**債権者と引受人**となる者との契約
　②**債務者と引受人**となる者との契約
　　ただし、②の場合は、**債権者**が引受人となる者への**承諾**をした時に、**効力が生じる**。

　試験対策上は、**上記②のケース**において、**効力が生じる**ためには、**債権者**の**承諾**が必要である点を注意しておこう。なお、これは効力発生事由であり、**契約自体は債務者と引受人のみでできる**と考えておくこと。

　そして、**「併存的債務引受」の効果**としては、**債権者に対して、引受人は債務者と連帯債務を負う**こととなる（改正民法**470条1項**）。これは従来の判例（最判昭41.12.20）の明文化である。**連帯債務**となるため、**引受人や元の債務者に生じた事由の効力**など、**連帯債務の規定に準ずる**こととなる。

なお、**引受人は、**契約上の地位の移転を受けるわけではないので、**元の契約自体を解消させるような取消権や解除権の行使は**できない。もし、元の債務者が取消権や解除権を有する場合、債務の**履行**を**拒絶**できるのみである（**改正民法471条2項**）。

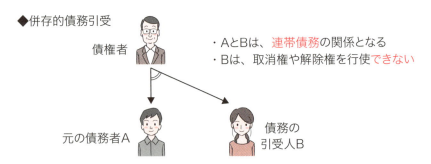

◆併存的債務引受

債権者

・AとBは、連帯債務の関係となる
・Bは、取消権や解除権を行使できない

元の債務者A

債務の
引受人B

明文化　2　「免責的債務引受」の要件と効果

　「免責的債務引受」は、以下の**要件**で行うことができる（**改正民法472条2項、3項**）。

　①**債権者と引受人**となる者との契約
　　この場合、**債権者**が、**債務者**に対して、その契約をした旨を**通知**した時に、効力を生ずる。
　②**債務者と引受人**となる者との契約
　　この場合、**債権者**が引受人となる者への**承諾**をした時に、効力が生じる。

　試験対策上は、**上記①**のケースにおいて、**債権者**の**債務者**に対する**通知**が必要である点を注意しておこう。また、**この通知は、効力発生事由**であり、**契約自体は債権者と引受人のみで行うことが**できる。

　免責的債務引受が成立すると、元の債務者は離脱することになるので、従来の判例（大判大10.5.9）では、債務者の意思に反した免責的債務引受を否定していた。しかし、**債務の免除**を考えると、債権者は、債務者の意思に反しても可能であることから、**債務者への通知のみで足りる**こととなった。

◆免責的債務引受

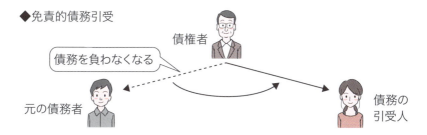

債権者

債務を負わなくなる

元の債務者

債務の引受人

　そして、**「免責的債務引受」の効果**としては、**引受人は、債務者と同一内容の債務を負担**することとなり、**債務者は、債権者との契約関係を離脱**することとなる（**改正民法472条1項**）。

　なお、引受人が債務を履行した場合、元の債務者に求償権を行使できるかという点について、元の債務者は契約関係から離脱する以上、**引受人の求償権はない**（**同法472条の3**）。

　また、**引受人は、契約上の地位の移転を受けるわけではないので、元の契約自体を解消させるような取消権や解除権の行使はできない**。もし、元の債務者が取消権や解除権を有する場合、債務の**履行**を**拒絶**できるのみである（**同法472条の2第2項**）。

　さらに、免責的債務引受においては、債務者のために設定されていた**担保権や保証**について、**引受人が負担する債務を担保するものとして移転することができる**。ただし、**引受人以外が設定**したものである場合、**その者の承諾が必要**である（**同法472条の4第1項、3項**）。

　ここで注意したいのは、保証契約の設定には、保証人の書面による承諾が必要となるが、保証契約については、**この承諾も書面によるものが必要**となる点である（**同条4項**）。

明文化　**3　「契約上の地位の移転」の要件**

　「契約上の地位の移転」についても、従来の解釈の明文化がされた。まず、契約上の地位の移転について、三者間の契約でなしうることは、もちろんである。

　それに加えて、**契約の当事者の一方が、第三者（譲受人）との間で合意を行い、元の契約の他方当事者が譲渡を承諾**したときも成立する（**改正民法539条の2**）。

過去問の確認と予想問題

債務引受および契約上の地位の譲渡（契約譲渡）に関する次の記述のうち、民法の規定並びに判例に照らし、妥当なものの組合せはどれか。

ア　免責的債務引受は、債権者と引受人のみの契約でなすことはできず、債務者（原債務者）を含む三者間の契約でしなければならない。

〔解説〕　改正前 ×　→改正後 ×

　改正前の判例によれば、免責的債務引受は、債務者の同意がなくても、**その意思に反しない限り**、債権者と引受人の**同意のみ**でなしうる（大判大10.5.9）。一方、**改正民法472条2項前段**によれば、免責的債務引受は、**債権者と引受人となる者との契約**によってすることができる。

 予想問題

債務引受に関する次の記述のうち、民法の規定によれば、正しいものはどれか。

債権者と引受人となる者との契約によって、併存的債務引受を行う場合、債権者が債務者に対して、その契約をした旨を通知した時に、効力を生ずることとなるが、免責的債務引受の場合、債権者と引受人となる者との契約のみで効力が生じる。

〔解説〕　×

　併存的債務引受の場合、債務者と引受人となる者との契約によってすることができ、債権者が引受人に対して承諾したときに効力が生じるが、**免責的**債務引受の場合、債権者と引受人となる者との契約のみならず、債権者が債務者に対して、その契約をした旨を**通知**した時に、効力を生ずる（**改正民法472条2項後段**）。

改正473条〜478条（債権総則）

22

「受取証書」を持っていても弁済の受領権限者とならない

出題可能性　★★★

　改正のポイント！

改正前	改正後
規定なし	➡弁済の効果が**「債務の消滅」**であることが**明文化**された
第三者弁済について、利害関係を有しない第三者は、債務者の意思に反して弁済をすることができない	➡**第三者弁済**について、**「正当な利益」**を有しない第三者は、債務者または債権者の意思に反して弁済できないと変更された ➡ただし、債務者の意思に反することを債権者が知らなかったとき、その弁済は有効となる
制限行為能力者が弁済として物の引渡しをして、その弁済を取り消したとき、その者は、有効な弁済をしなければ、その物を取り戻せない	➡当該規定は削除された つまり、さらに有効な弁済をしなくても、その物を取り戻せる
規定なし	➡預金・貯金口座への払込みによる弁済の効力は、債権者が払い戻せる時に発生するとされた
「債権の準占有者」への弁済は、受領権限がないことについて、債務者が善意・無過失であれば、有効	➡「債権の準占有者」が、**「取引上の社会通念に照らして受領権者としての外観を有するもの」**とされた（実質的な変更はない）
受取証書の持参人は、弁済の受領権限があるものとみなす	➡**当該規定は削除**された

■ 改正点の解説

明文化　1　弁済の効果が「債権の消滅」であることを明文化

　改正前の民法では、弁済の基本的な効果が「債務の消滅」であることを明示的に定めた規定はなかった。この点、**改正民法473条**は、「債務者が債権者に対して**債務の弁済**をしたときは、その**債権は、消滅**する。」と規定した。念のため、触れておいたが、当然の規定ではあるので、試験対策上は気にする必要はない。

変更　2　「第三者の弁済」の規定について、債権者の意思も尊重する規定が追加された

　本来、債務の弁済をするのは債務者であるが、債務者以外の第三者でも有効な弁済ができる場合がある。ただし、本来の債務者の意思も尊重すべきではある。

　この点に関して、改正前の民法では、「利害関係を有しない第三者」は債務者の意思に反して、弁済ができないと規定していたが、**改正民法474条2項**は、「弁済をするについて**正当な利益を有する者でない第三者**」は、**債務者の意思に反して弁済できない**としている。「正当な利益を有する者」の例としては、物上保証人、抵当不動産の第三取得者、後順位抵当権者などである。この文言の変更について、試験対策上は気にする必要はない。

　そして、**同条項但書**では、**正当な利益を有しない第三者**が、債務者の意思に反して弁済をした場合であっても、**債務者の意思に反することを債権者が知らなかった**ときは、**その弁済は有効**であるとしている。債権者を保護するための規定だ。

　さらに、**同条3項**では、**債務者の意思も尊重**する観点から、弁済をするについて**正当な利益を有しない第三者**は、原則として、**債権者の意思に反して弁済をすることもできない**とした。

　今までは、「債務者」の意思に反する弁済の効力が否定されることはあったが、「債権者」の意思に反する弁済も、効力が否定されうる点は注意しておこう。

　なお、**同条項但書**では、**正当な利益を有しない第三者でも**、**債務者の委託を受けて弁済**をする場合において、そのことを**債権者**が**知っていた**ときは、例外的に、**債権者の意思に反して弁済できる**とされた。

削除　**3　制限行為能力者の弁済の取消しに関する、改正前民法476条が削除された**

　改正前の民法476条は、譲渡につき行為能力の制限を受けた所有者が、弁済として物の引渡しをした後、その弁済を取り消したときは、その所有者は、さらに有効な弁済をしなければ、その物を取り戻すことができないと規定していた。この規定は、制限行為能力者の保護に欠けるため、改正民法においては削除された。

新設　**4　預金又は貯金口座を利用した弁済の効果は、債権者がその払戻しをできるタイミングで生じる**

　債権者の銀行口座に払い込むことで、弁済を行うことは通常に行われている。しかし、改正前の民法には、預金や貯金口座に対する払込み（弁済）に関する規定はなかった。そこで、**金融機関の口座を使った弁済**について、**その効力が生じるタイミングを規定**したのが、**改正民法477条**であり、新しい規定である。

　具体的には、債権者の預金又は貯金の口座に対する払込みによってする弁済は、**債権者がその金額の払戻しを請求する権利を取得した時**に、その効力を生ずると規定された。

　これだけでは、少しわかりにくいかもしれないが、債務者が銀行窓口で、債権者名義の口座への**振込手続**をしたとする。**この瞬間に弁済の効果が生じるわけではなく**、その後、債権者名義の口座に振り込まれた弁済額が反映されて、債権者が**払い戻せる状態になった時**に、はじめて弁済の効力が発生する、ということだ。

　ちなみに、預貯金債権という言葉自体は、日常的にも普通に使われていた言葉だが、改正前の民法では、この金融機関に対する預金や貯金の返還請求権（預貯金債権）に関する規定がなかった。そして、**預貯金債権という言葉自体、改正民法によって、はじめて規定**されている（例え

ば、改正民法909条の2など）。

変更 5 「債権の準占有者」という文言が変更された

改正前の民法478条は、債権の準占有者に対してした弁済は、弁済者が善意、かつ、過失がなかったときに限り、その効力を有すると規定していた。

しかし、この「債権の準占有者」という用語がわかりにくいので、**改正民法478条**では、「**受領権者以外の者**であって**取引上の社会通念に照らして受領権者としての外観を有するもの**」とした。

要するに、**債権者っぽい者**に弁済してしまったが、**実は異なっていた**場合でも、それが**取引上の社会通念に照らして受領権者としての外観を有する者**であり、**弁済者が善意・無過失**（ここに変更はない）であれば、**その弁済は有効**であるとする規定だ。

従来から実質的な変更はないので、文言の違いに戸惑わなければ、試験対策上は気にする必要はなかろう。

削除 6 「受取証書」の持参人への弁済が、有効となる規定が削除された！

改正前の民法480条では、「受取証書」の持参人は、弁済の受領権限があるものとみなし（つまり、その者への弁済は有効）、例外として、弁済者が、その者が受領権限がないことを知っていたとき等は、この限りでないとしていた。

しかし、従来より、民法478条とは別に受取証書の持参人のみを特別扱いするこの特則は合理性が乏しいと批判されており、**改正民法においては、削除**された。要するに、**「受取証書」を持っているだけでは、その者への弁済は有効とならない**。「受取証書」の持参人に対しても、**民法478条の要件を満たせば、その弁済は有効**となる。ここは試験に出題しやすい話なので、注意しておこう。

■ 過去問の確認と予想問題

 ### 過去問　平成26年度　問題33改題

取引上の社会通念に照らして受領権者としての外観を有するものに対する弁済等に関する次の記述のうち、民法の規定および判例に照らし、妥当なものはいくつあるか。

ア　他人名義の預金通帳と届出印を盗んだ者が銀行の窓口でその代理人と称して銀行から払戻しを受けた場合に、銀行が、そのことにつき善意であり、かつ過失がなければ、当該払戻しは、取引上の社会通念に照らして受領権者としての外観を有するものへの弁済として有効な弁済となる。

〔解説〕　改正前 ○　→改正後 ○

　改正民法478条では、受領権者以外の者であって、**取引上の社会通念に照らして受領権者としての外観を有する者**に対してした弁済は、その**弁済者が善意・無過失**であれば、**有効な弁済**となる。

 ### 予想問題

弁済に関する次の記述のうち、民法の規定及び判例によれば、正しいものはどれか。

譲渡につき行為能力の制限を受けたAが、弁済としてAが所有する物の引渡しをした場合において、Aがその弁済を取り消したときは、Aは、更に有効な弁済をしなければ、その物を取り戻すことができない。

〔解説〕　×

　改正前の民法476条では、本問のような規定が置かれていたが、改正民法では**削除**されている。よって、Aは更に有効な弁済をしなくとも、引き渡した物を取り戻すことが**できる**。

23 代物弁済が、諾成契約であることなどが明文化された

出題可能性　★★

改正のポイント！

改正前	改正後
条文上、代物弁済は、要物契約であるように読めた	➡代物弁済が「諾成契約」であること、効力発生時期は、他の給付がされた時であることが明文化された
規定なし	➡法令又は慣習により取引時間の定めがあるときは、その取引時間内に限り、弁済又は弁済の請求をすることができると規定された（新設）
規定なし	➡「弁済」と「受取証書の交付」が、同時履行の関係に立つことが明文化された

新設 弁済とその請求について、取引時間の定めがあれば、その時間内に行う

弁済の請求 →

← 受取証書の交付請求

債権者　　　　　　　　　　　　　　　　　　　債務者

明文化 弁済と受取証書の交付は同時履行の関係

改正点の解説

明文化　1　代物弁済が「諾成契約」であると明文化された

　代物弁済の法的性質については、争いのある点であったが、**改正民法482条**は、①**代物弁済が諾成契約であること**、そして、②**代物弁済の効力**は、**他の給付がされた時に生じる**ことを明文化した。ここは出題可能性のある知識なので、改めて確認しておこう。

　なお、改正点に直接の関係はないが、**代物弁済の給付物が「不動産」**である場合、弁済としての効力が発生するためには、原則として、**所有権移転登記までが必要**である（最判昭40.4.30）。

変更　2　「特定物」の「現状による引渡し」規定の整備

　改正前の民法483条は、債権の目的が特定物の引渡しであるとき、弁済をする者は、その引渡しをすべき時の現状でその物を引き渡さなければならないと規定していた。

　しかし、**改正民法483条**は、債権の目的が特定物の引渡しである場合、**契約その他の債権の発生原因及び取引上の社会通念に照らして、その引渡しをすべき時の品質を定めることができない**とき、弁済者は、**引渡しをすべき時の現状**でその物を引き渡さなければならないと規定した。つまり、「現状」での引渡義務は**「品質を定めることができないとき」**と**限定**された。

新設　3　取引する時間が決まっている場合は、その時間内に弁済を行うものとされた

　改正前の商法520条は、法令又は慣習により、商人の取引時間の定めがあるときは、その取引時間内に限り、債務の履行をし、又はその履行の請求をすることができると規定していた。要するに、商人が相手の場合は、営業時間内に履行を請求せよ、という規定である。

　この規定は、商行為によって生じた債務の弁済以外に適用されるとしても合理的であり、実際にそのような解釈をする見解も有力であった。そこで、**改正民法484条2項**は、「**法令又は慣習により取引時間の定め**

があるときは、その**取引時間内に限り、弁済**をし、又は**弁済の請求**をすることができる。」と規定した。

明文化 **4　弁済と受取証書の交付は同時履行の関係に**

改正民法486条は「**弁済をする者**は、**弁済と引換え**に、弁済を受領する者に対して**受取証書の交付を請求することができる。**」と規定し、**債務の履行と受取証書の交付**は、**同時履行**の関係にあることを条文上明らかにした。従来からの解釈に変更はないが、確認しておこう。

過去問の確認

 過去問　平成27年度　問題31

代物弁済（担保目的の代物弁済契約によるものは除く。）に関する次の記述のうち、民法の規定および判例に照らし、妥当でないものはどれか。

1　債務者が債権者と合意して、債権者に対し本来の債務の弁済に代えて自己が所有する土地を譲渡した場合、土地所有権の移転の効果は、原則として代物弁済契約の意思表示によって生じる。

〔解説〕　改正前 ○　→改正後 ○

不動産所有権の譲渡をもってする代物弁済による**債務消滅の効果**は、単に当事者がその意思表示をするだけでは足りず、登記その他引渡行為を完了し、**第三者に対する対抗要件を具備したとき**でなければ生じないことはいうまでもないが、そのことは、代物弁済による**所有権移転**の効果が、原則として**当事者間の代物弁済契約の意思表示**によって生ずることを妨げるものではない（最判昭57.6.4）。この判例法理は、**改正民法482条**により明文化されている。したがって、改正の前後を通じて妥当である。

改正499条〜504条（債権総則）

24 「弁済による代位」の規定が整備された

出題可能性 ★★

改正のポイント！

改正前	改正後
債務者のために弁済をした者は、弁済と同時に債権者の承諾を得て、債権者に代位できる（任意代位）	➡ **任意代位**においても、代位の要件として、**債権者の承諾**が**不要**となった
規定なし	➡ **保証人の1人が他の保証人に対して債権者に代位**する場合、**自らの求償権の範囲内**で権利を行使できる旨が**新設**された
保証人は、あらかじめ先取特権、不動産質権、抵当権の登記に代位を付記しなければ、これらの担保権の目的不動産の第三取得者に対して代位できない	➡ **当該規定は削除**された
規定なし	➡ **一部弁済に基づく代位**について、**債権者**の**同意**が要件となるなどの規定が整備された（**判例理論の変更あり**）

131

■ 改正点の解説

変更 **1 「弁済による代位」に債権者の承諾が不要となった**

　「弁済による代位」とは、**債務者以外の者**が弁済等をして**債務を消滅**させた場合、**債権者が有していた担保権を代わりに行使できる**制度である。通常、弁済をした者は、もともとの債務者に求償権を行使できるが、この求償権を実現させるための制度なのだ。

　この弁済による代位を行うにあたり、改正前の民法499条1項では、弁済と同時に債権者の承諾を得ることが要件とされていた。

　しかし、弁済を受領して満足を得た債権者にしてみれば、その後の担保権がどうなるかという点について、独自の利益はない。にもかかわらず、債権者の承諾を要するのは合理性に欠けるので、**改正民法499条**では、**弁済による代位**について、**債権者の承諾を不要**とした。

　なお、弁済による代位には、「任意代位」と「法定代位」の2種類があり、弁済について正当な利益がある場合が「法定代位」、正当な利益がない場合が「任意代位」である。

　もともと**「法定代位」**については、**当然に代位できる**（＝債権者の承諾不要）とされていたので、債権者の承諾を要するのは「任意代位」についての話であった。しかし、改正後はどちらの代位であろうと、弁済による代位について、**債権者の承諾は不要**となる。

　ただし、**「任意代位」**の場合、この他に**債権譲渡と同じ対抗要件（通知又は承諾）**が必要であり、この点は改正後も同じである。以上をまとめると、弁済による代位の要件は、次のとおりである。

①弁済について、正当な利益を有する者
➡**当然**に代位**できる**（債権者の承諾や対抗要件は**不要**）
②弁済について、正当な利益を有しない者
➡債権者の承諾は**不要**だが、対抗要件は**必要**（債権者による債務者への通知か、債務者の承諾）。債務者以外の第三者への対抗は、確定日付のある証書による通知又は承諾が**必要**

変更 **2　「弁済による代位」の効果の整備　その1**

　弁済による代位の効果について、改正民法501条1項は、「債権者に代位した者は、債権の効力及び担保としてその**債権者が有していた一切の権利を行使することができる。**」と規定している。これは任意代位でも、法定代位でも変わらない。

　とはいっても、これはもちろん、**自らの求償権の範囲内**で認められるにすぎない（同条2項）。

　また、改正前の民法では、複数の保証人のうちの1人が弁済をした場合における、保証人間の弁済による代位についての規定がなかった。そこで、**改正民法501条2項**は、**保証人の1人が他の保証人に対して債権者に代位**する場合には、やはり**自らの求償権の範囲内**で権利を行使することができる旨を新設した。

　ちなみに、改正前の民法501条1号では、保証人は、あらかじめ先取特権、不動産質権又は抵当権の登記にその代位を付記しなければ、これらの担保権の目的である不動産の第三取得者に対して、債権者に代位することができないと規定していた。しかし、この規定は合理性に欠けるため、**改正民法では削除**されている。

変更 **3　「弁済による代位」の効果の整備　その2**

　弁済による代位に関して、**改正民法501条3項各号**では、第三取得者、保証人、物上保証人等の利害関係が規定されている。少し細かい規定ではあるが、出題可能性はあるので、簡単に確認していこう。

(1) 第三取得者と（物上）保証人の関係（1号）

　ここでいう**「第三取得者」**とは、債務者から担保目的物を譲り受けた者のことである。この第三取得者は、担保が実行されると困るため、弁済について正当な利益を有すると解釈されている。

　よって、**第三取得者が弁済等**をした場合、債権者に当然に代位することができるが、**（物上）保証人に対しては、代位が**否定される。改正前は「保証人」としか規定されていなかったが、**改正後は物上保証人も同じ扱い**となると規定された。

（2）第三取得者どうし、物上保証人どうしの関係（2号、3号）

　第三取得者の1人は、各財産の価格に応じて、他の第三取得者に対して債権者に代位できる。また、物上保証人どうしでも同じだ。

（3）保証人と物上保証人の関係（4号）

　保証人と物上保証人との間においては、その人数に応じて、債権者に代位できる。例えば、100万円の債務について、保証人と物上保証人が1人ずついたとして、物上保証人が弁済した場合、弁済による代位により、保証人に対して、50万円の履行を請求できることになる。

　ただし、物上保証人が数人あるときは、保証人の負担部分を除いた残額について、各財産の価格に応じて、債権者に代位する。

（4）第三取得者から財産を譲り受けた者など（5号）

　第三取得者から、担保の目的となっている財産をさらに譲り受けた者は、第三取得者とみなされるし、また、物上保証人から担保の目的となっている財産を譲り受けた者は、物上保証人とみなされる。

変更　4　「一部弁済」に基づく代位について、債権者の同意が必要となった

　従来の判例（大決昭6.4.7）は、「一部弁済」をした者の代位についても全額を弁済した者と同様に、単独で担保権の実行をすることができるとしていた。

　しかし、一部弁済をしたにすぎない代位者が、単独で担保権を実行することができると、本来の権利者である債権者が担保権を実行して、全額の回収をすることができなくなるおそれが生じる。

　そこで、改正民法502条1項は、判例の考えを改め、「債権の一部について代位弁済があったときは、代位者は、債権者の同意を得て、その弁済をした価額に応じて、債権者とともにその権利を行使することができる。」と規定した。これは法定代位でも変わらない。

　また、同条2項では、一部弁済をした代位者がいる場合、債権者が単独で権利行使できないのは不利益となることから、一部弁済をした代位

者がいる場合であっても、**債権者は、単独でその権利を行使することができる**旨を規定した。

過去問の確認

 過去問　平成22年度　問題45改題

> 弁済による代位に関する次の記述のうち、民法の規定に照らし、正しいものはどれか。
>
> Aは、Bから金銭を借り受けたが、その際、A所有の甲土地に抵当権が設定されて、その旨の登記が経由され、また、Cが保証人となった。その後、CはBに対してAの債務の全部を弁済し、Cの弁済後に、甲土地はAからDに譲渡された。この場合、Cは、甲土地がDに譲渡された後であっても、抵当権の登記に付記登記すれば、Bに代位して抵当権を実行できる。

〔解説〕　改正前 ✕　→改正後 ○

　改正前の民法500条は、弁済をするについて正当な利益を有する者は、弁済によって当然に債権者に代位すると規定し、同法501条1号は、保証人は、あらかじめ抵当権等の登記にその代位を付記しなければ、その抵当権等の目的である不動産の第三取得者に代位することができないと規定していた。ここにいう「あらかじめ」の解釈について、判例は、保証人の弁済後、第三取得者が、抵当権等の目的となる不動産を取得し、その登記をするよりも前に、ということを意味するとしている（最判昭41.11.18）。したがって、改正前の民法によれば、Cの付記登記がDへの譲渡の後である本事例では、Cは、Bに**代位することはできない**から誤りである。

　一方、**改正民法**には、**保証人の第三取得者に対する代位を制限する規定はない**。したがって、Cは、同法499条によりBに代位して抵当権を実行できるので正しい。

ONE POINT!! ちょこっとコメント

弁済に関しては、他にも改正点が多い。その多くは従来の判例等に従い、条文の文言が調整されたり、明文化されたものであって、試験対策上は重要ではないので、本書では省略している。

ただし、**「弁済供託」** について、少しコメントしておきたい。弁済供託とは、**何らかの理由で債権者に直接弁済できない**場合、**債務者が弁済の目的物を供託**することで、**債務を免れる制度**である。この弁済供託について、**改正民法494条**では、

①弁済の提供をした場合に、**債権者がその受領を拒んだとき**

②債権者が**弁済を受領することができない**とき

③弁済者が**債権者を確知することができない**とき

（ただし、**弁済者に過失があるときは除く**）

に**弁済供託ができる**とされている。この供託事由についても文言の改正がなされているが、基本的には改正前と変わらない。そして、**ここで押さえておくべきこと**は、**特に理由がなくとも、供託ができるわけではない**、ということである。

弁済供託について過去に出題されたことがあった。「債権者があらかじめ金銭債権の受領を拒んでいる場合、…弁済の目的物を供託することにより、債務を消滅させることができる。」という選択肢が正しいか否かというレベルであった。この問題についていえば、**供託事由は法定**されており、「債権者が弁済受領を拒んだとき」、「債権者が弁済を受領することができないとき」と「弁済者が債権者を確知することができないとき」である。つまりこの選択肢は正しい。しかし、特に改正民法の施行後数年は、他に重要な改正点が多いので、供託事由を出題してくる可能性は低いであろう。

とはいえ、上記の内容程度は知っておくべきなので、念のため、コメントした次第である。

25 不法行為に基づく損害賠償債務が、一部相殺可能に！

出題可能性　★★★

改正のポイント！

改正前	改正後
相殺は、当事者が反対の意思を表示すれば制限できる。ただし、その意思表示は、善意の第三者に対抗できない	➡当事者の相殺を制限する意思表示は、それを第三者が**知り**、又は**重過失**で知らなかったときに限り、その第三者に**対抗できる**と**変更**された
不法行為により生じた債権を受働債権とする相殺は禁止	➡以下の相殺のみ**禁止**と変更された ①**悪意**の**不法行為**に基づく損害賠償債権を受働債権とする相殺 ②人の**生命**又は**身体**の侵害による損害賠償債権を受働債権とする相殺
規定なし	➡以下の判例理論が**明文化**された ・**差押前**に取得した債権であれば、弁済期の前後を**問わず**、相殺適状に達すれば、これを**自働債権**として相殺が認められる（無制限説、最判昭45.6.24）

被害者

不法行為に基づく
損害賠償請求権

金銭債権

加害者

変更
不法行為に基づく損害賠償請求権を受働債権とする相殺も一定の場合以外、認められる

㉕ 不法行為に基づく損害賠償債務が、一部相殺可能に！

■ 改正点の解説

変更 **1 相殺禁止特約等の規定が整備された**

　民法505条1項は、**互いに同種の目的**を有する債務（互いに金銭債務など）を負担する場合で、**双方の債務が弁済期**にあるとき、債務の**性質がこれを許さないものでなければ、各債務者は対当額について相殺できる**とする。この1項について、改正はない。

　そして、改正前の同条2項は、上記1項の規定は、当事者が反対の意思を表示した場合には、適用しない。そして、その意思表示は、善意の第三者に対抗することができないと規定していた。

　この2項について、**改正民法**は「前項の規定にかかわらず、**当事者が相殺を禁止し、又は制限する旨の意思表示**をした場合には、**その意思表示は、第三者がこれを知り、又は重大な過失によって知らなかったときに限り、その第三者に対抗することができる。**」として、その内容をより精密に規定した。要するに、**重過失**により制限を知らない第三者にも、制限を対抗できるようになったのだ（通説は従来よりそう考えていた）。この2項の内容をまとめると、次のようになる。

▶改正民法505条2項のまとめ

> 原則：当事者は、相殺禁止特約等を結ぶことが**できる**が、
> 　　　これを**第三者に対抗できない**。
> 　　　　　　　　　↓
> 例外：①第三者が**相殺禁止特約等について悪意**である場合
> 　　　②第三者が**相殺禁止特約等を知らないことに重過失**がある場
> 　　　　合には、その**第三者に相殺禁止特約等を対抗できる。**

　なお、**悪意・重過失**の第三者に制限を対抗できるというのは、譲渡制限の意思表示（108ページ参照）と同じだ。

変更　**2　不法行為等により生じた債権を受働債権とする相殺について、認められるケースが規定された！**

改正前の民法509条は、不法行為によって生じた債務について、その債務者（加害者）は、不法行為によって生じた債権を受働債権とする相殺をもって債権者（被害者）に対抗できないと規定していた。これは、被害者に現実の弁済を受けさせてその保護を図ることと、債権者による不法行為の誘発防止のためである。

〔改正前〕

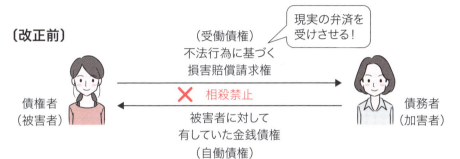

しかし、このような場合でも、相殺を認めることが有用であるケースもありうるとして、**改正民法509条は、以下の場合にのみ、相殺を禁止**することとした。

①**悪意**による**不法行為**に基づく**損害賠償請求権を受働債権**とする相殺
②**人の生命又は身体**の侵害による**損害賠償請求権を受働債権**とする相殺

〔改正後〕

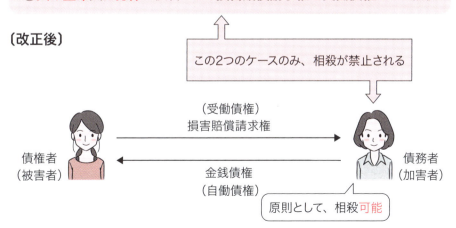

139

総裁「できん！」
（相殺できない）

悪意の悪さと
（悪意の不法行為に基づく損害賠償請求権）

人への損害
（生命・身体の損害賠償請求権）

また、**債権者が、前ページの相殺が禁止される債権を他人（被害者）から譲り受けた**ときは、**相殺は禁止されない。**この場合、損害賠償請求権を有しているのは被害者本人ではないため、現実の弁済を受けさせるべきという、相殺禁止の趣旨が妥当しないからである。

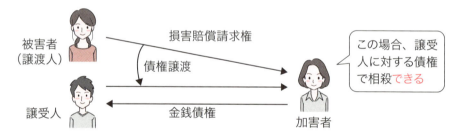

被害者（譲渡人）　損害賠償請求権　債権譲渡　譲受人　金銭債権　加害者

この場合、譲受人に対する債権で相殺できる

明文化 **3 「差押前」に取得した債権であれば、それを自働債権とする相殺が認められる**

BがCに対して金銭債権を有しているとして、Bの債権者Aが、BのCに対する債権を差し押さえたとする。この場合、第三債務者であるCが、Aが当該債権を差し押さえる前に、Bに対して取得した債権をもって、相殺を無制限に対抗することができるかについては争いがあった。

そして、判例（最大判昭45.6.24）は、第三債務者は、その**債権が差押後に取得されたものでないかぎり、自働債権及び受働債権の弁済期の前後を問わず、**相殺適状に達しさえすれば、**差押後においても、これを自働債権として相殺することができる**としていた（次ページ図参照）。

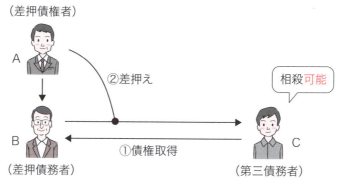

（差押債権者）

A

②差押え

相殺 可能

B

①債権取得

C

（差押債務者）

（第三債務者）

　改正民法511条1項は、この判例法理を明文化し、差押えを受けた債権の第三債務者は、差押前に取得した債権による相殺をもって、対抗することができると規定している。

　また、合理性の観点から、同条2項は、差押後に取得した債権が差押前の原因に基づいて生じたものであるときは、その第三債務者は、その債権による相殺をもって差押債権者に対抗することができると規定している。ただし、第三債務者が差し押え後に他人の債権を取得したときは、相殺をもって対抗することはできないため、注意が必要である。

■ 過去問の確認と予想問題

 過去問　平成20年度　問題34

相殺に関する次のア〜ウの記述のうち、相殺の効力が生じるものをすべて挙げた場合、民法の規定および判例に照らし、妥当なものはどれか。

ウ　A銀行がBに対して平成19年7月30日に期間1年の約定で貸し付けた400万円の貸金債権を有し、他方、BがA銀行に対して平成20年7月25日を満期とする400万円の定期預金債権を有していたところ、Bの債権者CがBのA銀行に対する当該定期預金債権を差し押さえた。この場合に、平成20年8月1日にA銀行がBに対してする相殺。

〔解説〕　改正前 ○　→改正後 ○

改正前は判例（最判昭45.6.24）が根拠だったが、改正後は**改正民法511条**が根拠となる。同条によれば、差押さえを受けた債権の第三債務者は、**差押後に取得した債権**による相殺をもって差押債権者に**対抗することはできない**が、**差押前に取得した債権**による相殺をもって**対抗することが できる**。本件事例では、A銀行のBに対する貸付債権の取得は、Cによる差押えの前であるから、相殺をもって対抗できる。

 ## 予想問題

Aは、令和2年10月1日、A所有の甲土地につき、Bとの間で、代金1,000万円、支払期日を同年12月1日とする売買契約を締結した。この場合の相殺に関する次の記述のうち、民法の規定及び判例によれば、正しいものはどれか。

同年12月10日、Bの自動車がAの過失に基づく自動車事故によって被害を受け、BはAに対して不法行為に基づく損害賠償債権を取得した。B自身に怪我等の身体にかかわる損害がなかった場合、Aは当該損害賠償債務と売買代金債権とを対当額で相殺することができる。

〔解説〕　〇

改正前の民法では、不法行為に基づく損害賠償請求権を受働債権とする相殺を行うことはできなかった。しかし、**改正民法509条本文**によれば、原則として、**生命・身体**の侵害による損害賠償請求権、また、**悪意**による不法行為に基づく損害賠償請求権でなければ、相殺することができる。

本問Bの損害は、Bの**生命・身体**にかかわる損害ではなく、Aの不法行為は過失に基づくものであるため、Aは相殺をすることが**できる**。

ちなみに、仮に本問のBの損害がBの**生命・身体**にかかわる損害であったとしても、「B」から相殺を主張することは**許される**（最判昭42.11.30）。この判例の解釈は、改正民法の施行後でもそのまま妥当すると考える。実際の金銭で賠償を受けるか、相殺してしまうかは、被害者側の判断に委ねて問題ないからである。

26 買主の救済手段が整備され、瑕疵（かし）担保責任がなくなった！

出題可能性 ★★★

👉 改正のポイント！

改正前	改正後
売買契約の買主は、売買の目的物に隠れた瑕疵があったとき、解除や損害賠償請求が可能（瑕疵担保責任） また、各種売主の担保責任の規定があり、場合によっては、債務不履行に基づき、解除や損害賠償請求も可能であった	➡**売買契約の買主の救済手段が、以下の4つにまとめられた**（それぞれの要件等については、次ページ以降参照） ①**追完**請求権 ②**代金減額**請求権 ③**損害賠償**請求権 ④**解除**権

変更 売主の履行が契約内容に適合しないものである場合、追完請求と代金減額請求が可能

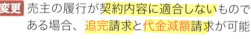

売主

変更 売主の履行が本旨に従ったものでない場合、債務不履行に基づく損害賠償請求、さらに契約の解除が可能

買主

　ここからは、いわゆる「**債権各論**」の分野の話に入る。この分野では、売買契約、賃貸借契約など、各種契約についての個別の規定がある。特に重要な改正は、売買契約に関する規定の変更であり、**買主の救済手段が構成し直されている**点である。

■ 改正点の解説

変更 **1 売買契約の買主の救済手段が4つに再構成！**

　この改正を「新設」というのか、「変更」というのかは悩ましいところだが、それはさておき、**改正民法**では、**売買契約の買主の救済手段が4つに再構成**された。その4つは次のものである。

▶**改正民法における、売買契約の買主の救済手段**

①**追完**請求権（改正民法562条）

②**代金減額**請求権（改正民法563条）

③**損害賠償**請求権（改正民法564条、565条、415条）

④**解除**権（改正民法564条、565条、541条、542条）

　上記①と②は、**「契約の内容に適合しない」**ときに買主が行使できるものである。詳細は後ほど解説するとして、まず、**この改正に伴いなくなった制度**がある。**瑕疵担保責任**だ。

　改正前の民法570条では、「売買の目的物に隠れた瑕疵があったとき」、買主は売主に対して、解除や損害賠償請求ができると定められていた。「瑕疵」とは、欠陥と考えればよい。

　例えば、買主が電化製品を購入したとして、その電化製品に欠陥があったとする。改正民法の下では、その欠陥が「隠れた瑕疵」に当たるのかという検討をすることなく、**「契約の内容に適合しない」**ケースであれば**上記①と②**を、それが**債務不履行に該当**すれば**上記③と④の救済手段が可能**となる。

　この電化製品の例で言えば、買主がもう面倒なので、契約を解消したいと思えば、上記④の契約解除をすればよいし、"ちゃんとしたもの"に代えてほしいと思えば、上記①の追完請求権を行使すればよい。

　ちなみに、**「契約の内容に適合しない」**とは、**どのような場合**を意味するのか。これは実務上とても重要な話だが、試験対策上はあまり気にする必要はない。

この点については、合意内容のみならず、契約の性質、契約をした目的、契約締結に至る経緯など、**契約をめぐる一切の事情**に基づいて、**取引通念を考慮して判断される**と考えればよい（「民法（債権関係）の改正に関する中間試案」より）。

　少なくとも試験対策上は、普通に考えて、それは「契約の内容に適合しない」よね…と判断できれば、前ページの4つの救済手段が考えられるという点を押さえておこう。

ONE POINT!! ✊ **ちょこっとコメント**

　試験問題では、契約に関する細かい事情が挙げられて、それが「契約の内容に適合しない」と言えるのかというところまではおそらく問われない。問題文の事例が「契約の内容に適合しない」ことを前提に、その際、買主は何ができるのか、問題文に提示された買主の権利行使は可能なのか、といったレベルの出題がされるはずである。

新設　**2 「追完請求権」には、売主の帰責事由が不要！**

　4つの救済手段について、それぞれ確認していこう。まずは**「追完請求権」**である。これは「新設」といって差し支えないであろう。

　改正民法562条1項本文は、引き渡された**目的物**が種類、品質又は数量に関して**契約の内容に適合しない**ものであるとき、買主は、売主に対して、**目的物の修補、代替物又は不足分の引渡し**による履行の追完を請求できると規定している。

　そして、同条項但書において、**売主は、買主に不相当な負担を課するものでないとき**は、**買主が請求した方法と異なる方法**による履行の追完ができるとする。これは例えば、買主が代替物の引渡しを要求したが、売主が修補（修理）で済ませたいと考えた場合、それが**買主に不相当な負担**を課するものでなければ、売主の希望どおり、修補で済ませることができるとする規定である。

145

そして、同条2項では、**不適合が買主の責めに帰すべき**場合、**買主は履行の追完請求ができない**とする。契約内容の不適合が買主の責任であった場合の当然の規定だ。

また、これらの**追完請求権の行使**に、**売主の帰責事由は求められていない**。契約内容に適合した履行を行うことが、売主の義務であるからである。追完請求権についてまとめると、次のようになる。

▶追完請求権のまとめ

● 売主の帰責事由は必要？　　➡ 不要（履行が契約内容に適合しないことは必要）

　↓

● 買主は、何を行えるか？　　➡ ①目的物の修補請求
　　　　　　　　　　　　　　　　②代替物の引渡請求
　　　　　　　　　　　　　　　　③不足分の引渡請求

　↓

● 買主に帰責性がある場合でも、追完請求可能か？　➡ できない

　↓

● 履行の追完方法について、買主と売主の意見が異なる場合の処理は？　➡ 買主に不相当な負担を課すものでなければ、買主の希望と異なる方法で、売主は追完できる

新設　**3 「代金減額請求権」には、売主の帰責事由が不要！**

代金減額請求権についても、改正前も一部で規定があったが、「新設」といって差し支えないであろう。

改正民法563条1項は、**種類、品質、数量に関する不適合**があった場合において、買主が**相当の期間**を定めて履行の**追完の催告**をし、その**期間内に履行の追完がない**とき、買主は、その**不適合の程度に応じて、代金の減額を請求する**ことができるとする。つまり、**代金減額請求は、**原則として、**追完請求**が前提となっている。

146

しかし、**そもそも追完請求ができない**場合などは、**追完の催告なくして、代金減額請求ができる**（同条2項）し、前ページの追完請求と同じく、**不適合が買主の責めに帰すべき**場合は、**できない**（同条3項）。代金減額請求についてまとめると、次のようになる。

▶代金減額請求権のまとめ

- **売主の帰責事由は必要？** ➡ **不要**（履行が**契約内容**に**適合しない**ことは必要）

⬇

- **代金減額請求の要件は？** ➡ ①**契約不適合**があった
②**相当の期間**を定めて履行の**追完の催告**を行った
③その**期間内**に履行の**追完**がない

⬇

- **減額の程度は？** ➡ 契約の**不適合の程度**に応じる

⬇

- **買主に帰責性がある場合**も、代金減額請求が可能？ ➡ **できない**

⬇

- **催告なくして**、代金減額請求ができる場合は？ ➡ ①履行の追完が**不能**
②売主が履行の追完を**拒絶**する**意思**を**明確**に**表示**した
③いわゆる**定期**行為について、その**時期**に売主が**追完しない**
④催告をしても、**追完してもらえない**見込みが**明らか**

なお、具体的なケースにおいて、どのくらい減額することができるのかという点について、実務上その評価が難しいケースが出てくることは予想されているが、この点は試験対策上、気にする必要はない。

4 損害賠償請求と解除は、一般原則に基づく

次に損害賠償請求と解除についてであるが、これらはすでに紹介した話の復習だ。まず**「損害賠償請求」**については、**債務不履行の一般原則に従う**こととされる（改正民法564条、415条）。

つまり、**「債務の本旨に従った履行をしない」**場合、**債務者である売主に帰責性があれば、損害賠償請求ができる**（52ページ参照）。

一方、**「解除」**についても、**解除の一般原則に従う**こととされる（改正民法564条、541条等）。その結果、解除の要件を満たした場合、**債務者である売主に帰責性がなくても、解除ができる**こととなる（58ページ参照）。売主の帰責性という観点から、4つの救済手段をまとめると、次のようになる。

▶**買主の救済手段と売主の帰責性**

買主の救済手段	売主の帰責性の要否
追完請求	不要
代金減額請求	不要
損害賠償請求	必要
契約の解除	不要

■ 過去問の確認と予想問題

 過去問　平成24年度　問題31改題

Aは甲土地についてその売主Bとの間で売買契約を締結したが、Aが引き渡された甲土地は、種類、品質又は数量に関して当該売買契約の内容に適合しないものであった。この場合に関する次の記述のうち、民法の規定および判例に照らし、妥当なものはどれか。

4　契約の時に一定の面積を表示し、この数量を基礎として代金額を定めてBがAに甲土地を売却した場合において、甲土地の面積が契約時に表示された面積

よりも実際には少なく、表示された面積が契約の目的を達成する上で特段の意味を有しているために実際の面積であればAがこれを買い受けなかったときは、その面積の不足について善意のAは、その不適合の事実を知った時から1年以内に限り、Bに対して、契約を解除して、損害賠償を請求することができる。

〔解説〕　改正前 〇　→改正後 ✕

　改正前の民法565条では、数量を指示して売買をした物に不足がある場合について定めており、同条は同法563条を準用し、買主に代金減額請求や、善意の買主の解除権、善意の買主の損害賠償請求権を規定していた。その場合、善意の買主は、事実を知った時から1年以内に行使しなければならないとされ、改正前の民法下では妥当である。

　一方、改正民法では、引き渡された目的物が、**種類、品質又は数量に関して契約の内容に適合しないもの**であるときの買主の追完請求権（同法562条）、代金減額請求権（同法563条）、損害賠償請求権・解除権（同法564条）を規定している。しかし、**改正民法566条**においては、**買主がその不適合を知った時から1年以内に売主に通知**しないときは、一定の場合を除き、買主はこれらの権利を行使することができないものとされ（同法566条）、妥当ではない。

 予想問題

> **Aを売主、Bを買主として甲土地の売買契約を締結した場合における次の記述のうち、民法の規定及び判例によれば、正しいものはどれか。**
>
> Bが甲土地について、当該売買契約の内容に適合しない欠陥があることを発見した際、BはAに対して、原則として、甲土地の修補等の追完請求することなく、代金減額請求をすることができる。

〔解説〕　✕

　引き渡された売買契約の目的物が、契約の内容に適合しないものであるときは、代金減額請求を行うためには、原則として、修補等の追完請求の催告を行うことが前提と**なる**（**改正民法563条1項**）。よって、原

則として、追完請求の催告することなくして、BはAに対して代金減額請求は**できない**。

 過去問　平成24年度　問題31改題

Aは甲土地についてその売主Bとの間で売買契約を締結したが、Aが引き渡された甲土地は、種類、品質又は数量に関して当該売買契約の内容に適合しないものであった。この場合に関する次の記述のうち、民法の規定および判例に照らし、妥当なものはどれか。

5　甲土地についてCの抵当権が設定されていた場合において、Aがこれを知らずに買い受けたときに限り、Aは、Bに対して、契約を直ちに解除することができ、また、抵当権の行使により損害を受けたときは、その賠償を請求することができる。

〔解説〕　改正前 ×　→改正後 ×

　改正前の民法567条1項によれば、売買の目的物である不動産についてCの抵当権が設定されていた場合において、抵当権の行使により買主Aがその所有権を失ったときは、Aの善意・悪意を問わず、契約を解除することができる。なお、抵当権の行使により損害を受けたときは、賠償を請求できる（同条3項）。

　一方、改正民法565条では、移転した権利が契約の内容に適合しない場合の**売主の担保責任**について、564条を準用し、==買主の**損害賠償請求及び解除権**の行使==を定めている。損害賠償請求と解除については、債務不履行の一般原則によるとし、==**売主**に**帰責事由**があれば**損害賠償請求ができる**==。一方、==**売主に帰責事由がなくても無催告解除ができる**==（同法542条1項）。

150

第570条（抵当権等がある場合の買主による費用の償還請求）

買い受けた不動産について契約の内容に適合しない先取特権、質権又は抵当権が存していた場合において、買主が費用を支出してその不動産の所有権を保存したときは、買主は、売主に対し、その費用の償還を請求することができる。

㉖ 買主の救済手段が整備され、瑕疵担保責任がなくなった！

 過去問　平成28年度　問題45

Aは、Bとの間でB所有の甲土地（以下「甲」という。）につき売買契約（以下「契約」という。）を締結し、その後、契約に基づいて、Bに対し売買代金を完済して、Bから甲の引き渡しを受け、その旨の登記がなされた。ただ、甲については、契約の締結に先だって、BがCから借り受けた金銭債務を担保するために、Cのために抵当権が設定され、その旨の登記がなされていた。この場合において、Aは、Bに対し、Cの抵当権に関し、どのようになったときに、どのような主張をすることができるかについて、民法の規定に照らし、40字程度で記述しなさい。なお、本問においては、Aは、Cに対する第三者としての弁済、Cの請求に応じた代価弁済、または、Cに対する抵当権消滅請求は行わないものとする。

〔解答例〕（43字）

追	完	・	代	金	減	額	・	損	害	賠	償	請	求	、
契	約	の	解	除	と	所	有	権	を	保	存	し	た	と
き	は	費	用	償	還	請	求	が	で	き	る	。		

配点事項	配点
□ ① 追完請求ができること。	4点
□ ② 代金減額請求ができること。	4点
□ ③ 損害賠償請求ができること。	4点
□ ④ 契約の解除ができること。	4点
□ ⑤ 所有権を保存したときに費用償還請求ができること	4点

〔解説〕

　売主が買主に移転した権利が**契約の内容に適合しないものである場合**、買主は、売主が被担保債権を履行して抵当権を消滅させること等による履行の追完請求（改正民法565条、562条）相当の期間内に履行の追完がない場合の代金減額請求（同法565条、563条）、損害賠償請求、契約の解除をすることができる（同法565条、564条）。

　加えて、買い受けた不動産について契約の内容に適合しない抵当権等が存していた場合において、買主が費用を支出してその不動産の所有権を保存したときは、買主は、売主に対し、その費用の償還を請求することができる（同法570条）。

ONE POINT!! ちょこっとコメント

　今回の改正では、「定型約款」についての規定が新設されている（改正民法548条の2〜548条の4）。そもそも「約款」とは、不特定多数の相手方との契約に用いるために、**あらかじめ定式化された契約条項**のことである。

　改正前の民法では、「約款」についての規定がなかったので、「約款」どおりに当事者は拘束されるのか、拘束されるとしても、その根拠等がよくわからない状態であった。そこで、**改正民法は、この「約款」のうち、代表的なケースを「定型約款」としたうえで、この基本的なルールを新設**した。

　この「定型約款」について、**出題可能性は低い**と予想するので、解説は省略しているが、**一定の場合には、拘束される**ということ、ただし、信義則に反するようなものは、合意しなかったものとみなされる、という2点は知っておこう。

　なお、念のため、**当事者が定型約款に拘束される「一定の場合」とは、定型約款について、別途契約の際に、それを契約の内容とする旨の合意をしたときと、定型約款を準備した者が、あらかじめその定型約款を契約の内容とする旨を相手方に表示していたときである。

第1章　令和2年度試験からの出題範囲　　改正536条、566条、567条等（債権各論）

27 4つの救済手段に期間制限あり！
危険負担の一部規定が削除！

出題可能性 ★★

改正のポイント！

改正前	改正後
瑕疵担保責任の追及については、買主が事実を知った時から1年以内にしなければならない	➡売主が**種類又は品質**に関して**契約の内容に適合しない目的物**を買主に引き渡した場合、買主がその**不適合**を**知った**時から**1年以内**にその旨を売主に**通知**しないと、買主は4つの救済手段の行使ができないとされた ➡ただし、**売主が引渡時に不適合を知り**、又は**重過失で知らなかった**ときは、**この限りでない**
特定物の売買契約において、当事者双方の責めに帰することができない事由によって、履行不能となったケースでは、債権者主義が採用されていた	➡改正前の民法**534条等が削除** ➡**当事者双方の責めに帰することができない事由**によって、**履行不能**となったケースでは、**債権者は、反対給付の履行を拒む**ことが**できる**とされた
規定なし	➡売主が買主に**目的物（特定したものに限る）**を**引き渡した時以後**に、目的物が**当事者双方の責めに帰することができない事由**で滅失・損傷したとき、**買主は、代金の支払を拒むことができない**。また、この場合、**4つの救済手段の行使も**できないとされた

153

■ 改正点の解説

変更 **1 売買契約の買主の4つの救済手段は、原則として、買主が不適合を知ってから1年以内の通知が必要！**

143ページから述べた**売買契約の買主の救済手段**について、改正民法566条は、売主が**種類**又は**品質**に関して**契約の内容に適合しない**目的物を買主に引き渡した場合において、**買主がその不適合を知った**時から**1年以内**にその旨を売主に**通知しない**ときは、買主は、その不適合を理由として、履行の追完の請求、代金の減額の請求、損害賠償の請求及び契約の解除をすることができないとした。

ただし、**売主が引渡しの時にその不適合を知り**、又は**重大な過失**によって**知らなかったときは、この限りでない。**

このような短い期間制限を設けたのは、履行は終わったものと考えている**売主の期待の保護**と、時間が経つことで、**引き渡した時に不適合であったのかどうかの判断ができなくなってしまう**ことにある。

ということは、**売主が引渡しの時にその不適合を知り**、又は**重大な過失**によって知らなかったときには、売主が「履行が終わった…」と期待することはないので、この期間制限で保護することがないのだ。

▶売買契約の買主の4つの救済手段の「期間制限」について

・いかなる場合に適用される期間制限か？	➡①売主が**種類**又は**品質**に関して、契約の内容に適合しない目的物を買主に引き渡した場合で、②買主がその不適合を**知った**時から**1年以内**にその旨を売主に**通知しない**とき
↓	
・この期間制限が適用されない例外は？	➡売主が**引渡**時に、不適合を**知り**、又は**重過失**で知らなかったとき

　なお、この期間制限には3つの注意点がある。1つ目は、**この期間制限は、時効期間ではないので、時効の更新等は適用されない**。ただし、1年以内の通知により、**買主の権利が保存**されると、その後の**具体的な損害賠償請求権等は、消滅時効の一般原則に従う**こととなる。

　保存された損害賠償請求権を例にすれば、**買主が権利を行使できることを知った時から5年間**、また、**権利を行使することができる時から10年間で時効消滅**する（39ページ参照）。

　さらに、その**損害が人の生命・身体への損害**であれば、権利を行使することができる時から**20年間**となる（40ページ参照）。

　2つ目は、この期間制限は、**売主が種類又は品質に関して**契約の内容に適合しない目的物を買主に引き渡した場合に限定されることだ。つまり、**「数量不足」については、この期間制限が適用されない**。よって、数量不足については、消滅時効の一般規定に従い、**権利を行使できることを知った時から5年間**、また、**権利を行使することができる時から10年間で時効消滅**する（39ページ参照）。

　3つ目は、148ページで損害賠償請求と解除については、それぞれの一般原則に従うと述べたが、**損害賠償請求と解除**についても、**種類又は品質に関して**契約の内容に適合しない目的物が買主に引き渡された場合には、**この期間制限が適用される**ことだ。

削除　2　「債権者の危険負担」を定める民法534条等が削除された！

　ここで話は変わるが、「債権者の危険負担」を定める改正前の民法**534条が削除**された点も確認しておく（改正前の民法535条も削除された）。**危険負担の規定は、改正民法536条に残る**ので、危険負担という概念自体はなくならない。

　そもそも**「危険負担」とは、債務が「履行不能」**になったとき、債権者と債務者の**どちらが損失を負担**するのかという問題である。

　例えば、売主Aが、A所有の建物を買主Bに売る売買契約が成立した場合、Aは建物を引き渡す債務を負い、Bは代金を支払う債務を負う。

しかし、履行期日前に、地震によって、その建物が完全に倒壊した。

　この場合、AB双方に帰責事由はなく、Aの建物を引き渡す債務は履行不能となっている。この場合、Aが代金の支払いを受けられないという損失を負担するのか、Bがそれでも代金を支払わねばならないという損失を負担するのか、という話が危険負担の問題といえる。

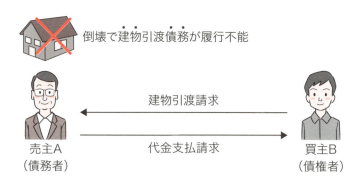

倒壊で建物引渡債務が履行不能

建物引渡請求

代金支払請求

売主A
（債務者）

買主B
（債権者）

　このような場合、改正前の民法534条1項は、債権者主義を採用し、履行不能となった建物引渡債務の「債権者」が損失を負担する（＝Bは代金を支払う）こととされていた。しかし、この処理（結論）には批判が多かったため、**改正民法ではこの規定が削除**されたのだ。

　改正後の処理はどうなるかであるが、**危険負担**についての規定は、**改正民法536条のみ**となった。同条1項は、<mark>当事者双方の責めに帰することができない事由</mark>によって**債務が履行不能**となった場合、**債権者は、反対給付の履行を拒む**ことが<mark>できる</mark>とする。つまり、上記の例では、買主Bは代金の支払いを拒めることとなる。

　これは改正前後で結論が変わる部分なので、確認しておくこと。

　ちなみに、**改正民法536条2項**では、<mark>債権者の責めに帰すべき事由で履行不能</mark>となったとき、債権者は、反対給付の履行を拒むことが<mark>できない</mark>とする。つまり、上の例で言えば、建物の滅失が買主Bの責任である場合、Bは代金の支払いをしなければならないという当然の規定である。

ONE POINT!! ちょこっとコメント

　60ページで触れたように、目的物の全部が履行不能である場合、無催告による解除が可能である。そして、解除について債務者の帰責事由は改正で**不要**となった。よって、履行不能のケースについて、実務上は危険負担の規定ではなく、**解除で処理されることが多くなる**と思われる。

新設　3 「引渡後」の当事者双方の責めがない滅失・損傷については、買主の負担となる

　新しい危険負担の規定等では、まだカバーできないケースがある。その点について規定したのが、改正民法567条だ。

　改正民法567条1項後段は、売主が買主に**目的物（特定したものに限る）を引き渡した時以後**に、その**目的物が当事者双方の責めに帰することができない事由**で滅失・損傷したとき、買主は、**代金の支払を拒むことができない**とする。

　要するに、**「引渡後」**の当事者双方に帰責事由のない滅失等は、**買主が負担**するということだ。これは目的物を**引き渡した**以上、当然と思うかもしれないが、「**引渡し**」が基準となる以上、**目的物が不動産である**場合、**移転登記が行われていなくても買主**が負担することとなる。

　そしてこの場合、**買主は、その滅失又は損傷を理由として、履行の追完の請求、代金の減額の請求、損害賠償の請求及び契約の解除をすることができない**ともする（こちらが**同条項前段**）。当事者双方に帰責事由のない目的物の滅失等について、**引渡後**は、**買主**が負担するとするのに、4つの救済手段ができるのはおかしいからだ。

　そして、**同条2項**は、**買主の受領遅滞**がある場合も、**同じ**とする規定である。

予想問題

Aは、Bとの間でA所有の倉庫に所在する商品500個をBに譲渡する契約を結び、これをBに引き渡したところ、実は、商品が450個しかなかった。Aは、商品の引渡しの時に数量の不足を知らず、また、知らなかったことについて重大な過失もなかった。この場合に関する次の記述のうち、民法の規定に照らし妥当でないものはどれか。

Bは、引き渡された商品の数量が契約の内容に不適合であることを知った時から1年以内にその旨をAに通知しないときは、Bは、この数量不足による不適合を理由として、履行の追完請求をすることができない。

〔解説〕　×

改正民法566条は、売主が種類又は品質に関して契約の内容に適合しない目的物を買主に引き渡した場合において、買主がその不適合を知った時から1年以内にその旨を通知しないときは、売主が引渡しの時にその不適合を知り、又は重大な過失により知らなかったときを除き、買主は、その不適合を理由として、履行の追完請求等をすることができないと規定している。

ただし、この期間制限は「数量不足」には適用されない。数量や権利に関する不適合は、時の経過によって曖昧さが生じにくいと考えられるため、債権の消滅時効に関する一般原則に従えばよいとの趣旨から、同条の期間の対象とはされていない。

したがって、改正民法166条1項により、Bは、①権利を行使することができることを知った時から5年間、または②権利を行使することができる時から10年間追完請求できる。

28 賃貸借契約の上限期間が延長、敷金関係の解釈が明文化！

出題可能性　★

 改正のポイント！

改正前	改正後
民法上、賃貸借契約の存続期間の上限は「20年」	➡民法上、賃貸借契約の存続期間の上限が「50年」に変更
規定なし	➡以下の判例理論が明文化された ・賃借権に基づく妨害停止請求等ができる（最判昭30.4.5）
規定なし	➡以下の判例理論が明文化された ①不動産賃貸借における目的不動産が譲渡された場合、賃借人が譲受人に賃借権を対抗できれば、賃貸人たる地位が譲受人に承継される（最判昭39.8.28） ②賃貸人たる地位の移転について、賃借人の承諾を要しない（最判昭46.4.23） ③新賃貸人が、自らが賃貸人であることを賃借人に対抗するためには、賃貸不動産の対抗要件（登記）が必要（最判昭49.3.19）
規定なし	➡敷金の定義、発生時期等について、従来の判例理論が明文化
規定なし	➡以下の判例理論が明文化された 賃貸人たる地位の移転がある場合の敷金関係は、承継される旨が規定された（最判昭4.7.17）

■ 改正点の解説

変更 **1 賃貸借契約の上限期間が「50年」となった！**

改正前の民法では、**賃貸借契約の存続期間の上限を「20年」**としていたが、実務上の要請から**「50年」へと伸長された**。また、**契約でこれより長い期間を定めた**ときであっても、50年に短縮される（**改正民法604条1項**）。

そして、賃貸借の存続期間は、更新することができるが、その期間は、更新の時から50年を超えることができない（**同条2項**）。

明文化 **2 賃借人の妨害停止請求権等も明文化された！**

対抗力を備えた賃借人には、賃借権に基づく妨害停止請求権等を有することが明文化された（**改正民法605条の4**）。具体的内容は、①**不動産の占有を第三者が妨害**しているとき、その第三者に対する妨害の停止の請求、②**不動産を第三者が占有**しているとき、その**第三者に対する返還の請求**ができる。これも判例理論（最判昭30.4.5等）の明文化である。

明文化 **3 「賃貸人たる地位の移転」に関する判例理論が明文化された**

「賃貸人たる地位の移転」とは、賃貸借契約の目的となっていた不動産の所有権が譲渡された場合、旧賃貸人は、賃貸借契約から離脱して、所有権の譲渡を受けた者が新たに賃貸人となるかという問題である。

この点、不動産賃貸借における**従来の判例（最判昭39.8.28）は、賃借人が譲受人に対して、賃借権を対抗**できる場合、**賃貸人たる地位が譲受人に承継される**と判示していた。対抗力のある賃借権を有する賃借人の保護と、（通常は）まっさらな所有権を取得したいであろう譲受人の保護とのバランスをとった解釈である。

そして、**この解釈が改正民法605条の2第1項で明文化**され、また、**不動産の譲渡人が賃貸人**であるとき、**賃貸人たる地位は、賃借人の承諾を要しない**ことが規定された（**改正民法605条の3**）。これも従来の判例理論（最判昭46.4.23）の明文化である。

そして、**新たな賃貸人が、自らが賃貸人であることを賃借人に対抗**するためには、**賃貸不動産の対抗要件（登記）が必要**であるという従来の判例理論（最判昭49.3.19）も明文化されている（**改正民法605条の2第3項**）。これは誰に賃料を支払えばよいのかわからない賃借人を保護する規定である。

賃貸人

②建物譲渡

譲受人
（新賃貸人?）

①建物賃貸借契約

賃借人

この賃貸借契約に対抗力があれば、賃貸人たる地位も移転する
賃借人の承諾は不要

また、**改正民法605条の2第2項**では、**賃貸不動産の譲渡人（賃貸人）**が、**賃貸人の地位を留保**する（そのままにしておく）こと、及び、**譲受人と譲渡人との間で賃貸借契約を行う合意**をした場合、**賃貸人の地位の移転は起こらない**ことも規定している。

譲受人が譲渡人との間で賃貸借契約を結ぶのは、賃貸不動産の所有権が譲受人に移転するためである。つまり、「譲渡人→譲受人→賃借人」という賃貸借契約が行われる関係となる。

明文化　4　敷金の定義が明文化された

改正前の民法では、敷金に言及する規定はあったが、敷金の定義やその法律関係についての規定がなかった。

この点、**改正民法622条の2**では、**敷金**について、「**いかなる名目によるかを問わず**、賃料債務その他の賃貸借に基づいて生ずる**賃借人の賃貸人に対する金銭の給付を目的とする債務を担保**する目的で、**賃借人が賃貸人に交付する金銭**をいう。」として、従来の判例等を踏まえて、その定義を明文化した。従来からの理解に変更はないので、試験対策上は、気にする必要はない。

28　賃貸借契約の上限期間が延長、敷金関係の解釈が明文化！

明文化　5　敷金返還請求権の発生時期等が明文化された

借主の**敷金返還請求権がいつ発生するか**について、従来の判例は、**次の基準を判示**していた。そして、**これらを明文化したのが、改正民法622条の2**である。

▶敷金返還請求権の発生時期

①賃貸借が**終了**し、かつ、賃貸物の**返還**を**受けた**とき（明渡時説、最判昭48.2.2）
②賃借人が**適法**に**賃借権**を**譲り渡した**とき（最判昭53.12.22）

なお、賃貸人は、賃借人に対し、受け取った敷金の額から賃貸借に基づいて生じた賃借人の賃貸人に対する金銭の給付を目的とする債務の額を**控除**した残額を返還しなければならない。

これらも従来からの判例理論に変更はないので、試験対策上は、気にする必要はない。

明文化　6　「賃貸人たる地位の移転」があった場合の敷金について、当然に新所有者に移転する

「賃貸人たる地位の移転」がある場合の敷金関係について、従来の判例（最判昭44.7.17）は、**旧賃貸人に差し入れた敷金**は、**賃貸人の地位の移転があった際**、未払賃料債務があれば、これに**当然充当**され、**残額の権利義務関係が新賃貸人に承継**されるとしていた。

しかし、実務上は、賃貸不動産の譲渡代金を決める際、未払賃料なども考慮されることが多く、敷金をそのまま承継させても新賃貸人に不利益が生じないと考えられ、上記判例法理のうち、**敷金が新賃貸人（譲受人）に**承継されるという点のみを明文化した（**改正民法605条の2第4項**）。

■ 過去問の確認

 過去問　平成24年度　問題33

> Aは自己所有の甲建物をBに賃貸し（以下、この賃貸借を「本件賃貸借」という。）、その際、BがAに対して敷金（以下、「本件敷金」という。）を交付した。この場合に関する次の記述のうち、民法の規定および判例に照らし、妥当なものはどれか。
>
> 5　AがFに甲建物を特段の留保なく売却した場合、甲建物の所有権の移転とともに賃貸人の地位もFに移転するが、現実にFがAから本件敷金の引渡しを受けていないときは、B・F間の賃貸借の終了時にFはBに対して本件敷金の返還義務を負わない。

〔解説〕　改正前 ✕　→改正後 ✕

　最判昭44.7.17は、建物賃貸借契約において、当該建物の所有権移転に伴い賃貸人たる地位に承継があった場合には、旧賃貸人に差し入れられた敷金は、未払賃料債務があればこれに当然充当され、**残額についてその権利義務関係が新賃貸人に承継**されると判示している。

　一方、**改正民法605条の2第4項**は、賃貸人たる地位が賃貸不動産の譲受人又はその承継人に移転したときは、費用の償還に係る債務及び敷金の返還に係る債務等は、譲受人又はその承継人に移転すると規定している。判例法理のうち、**敷金返還債務が承継される点のみを明文化**した。したがって、Fは現実にAから敷金の引渡しを受けていなくても、Bに対する**敷金返還義務**を負うから、改正の前後を通じて誤りである。

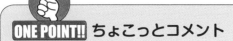

ONE POINT!! ちょこっとコメント

　「消費貸借」契約（金銭等の貸し借り）について、契約の成立や取消しなど度々出題されているが、**消費貸借契約に関する改正点**については、基本的に、**従来から解釈で認められていたものの明文化**なので、ここでのコメントで済ませていただく。

　まず、改正前後にかかわらず、消費貸借契約の基本形は、要物契約である。しかし、従来より、実務上の要請から判例上、**金銭の受領前に契約成立を認める諾成的消費貸借契約**が認められていたので、**改正民法587条の2第1項**は、**書面による場合**（メール等の電磁的記録も書面とみなされる）**に限り、諾成的消費貸借契約を明文化**した。

　その結果、諾成的消費貸借契約について、**金銭受領前の借主の解除権**、また、それにより貸主に損害を与えた場合の貸主の損害賠償請求が明文化されている（同条2項）。

　そして、改正前の消費貸借契約では、無利息を原則としていたが、むしろ、利息付きであることが多いので、**利息付消費貸借契約の規定（特約により利息付きに）を明文化**し、その利息の発生時期について、**金銭等を受け取った時から**とする判例理論（最判昭33.6.6）を明文化している（**改正民法589条**）。

その他、賃貸借契約と使用貸借契約の改正点

第1章　令和2年度試験からの出題範囲　　改正606条、611条等（債権各論）

29

出題可能性　★★

改正のポイント！

改正前	改正後
「賃貸人」は、賃貸物の修繕義務を負う（賃借人の修繕については規定なし）	➡一定の場合、**賃借人が自ら修繕できる場合**が新設された（詳細は166ページ参照）
収益を目的とする土地賃借人（宅地を除く）は、不可抗力で賃料より少ない収益を得たときは、その収益額まで、賃料の減額を請求することができる	➡左の規定について、「収益を目的」という部分が「**耕作又は牧畜を目的**」と**変更**された
賃借物の一部が賃借人の過失によらずに滅失したとき、賃借人は、滅失の割合に応じて、賃料の減額を「請求」できる	➡**賃借物が「使用及び収益をすることができなくなった」**場合、賃借人の請求なくして、**当然に賃料が減額される**と変更された
使用貸借契約は、要物契約とされていた	➡**使用貸借契約が、諾成契約に変更**された

〔使用貸借契約について〕

変更 契約のみで成立
（諾成契約となった）

 ──────使用貸借契約──────

貸主　　　　　　　　　　　　　　　　借主

　ここでは賃貸借契約に関するその他の改正点と、使用貸借契約の改正点のうち、押さえておきたいものを紹介する。

■ 改正点の解説

新設 **1 「賃借人」が自ら修繕できる場合が新設された！**

　改正前後にかかわらず、民法606条1項は、**賃貸人は、賃貸物の使用及び収益に必要な修繕をする義務**を負うとする。つまり、賃借目的物に修繕が必要となった場合、賃借人は、賃貸人に修繕を要求するのが原則である。ちなみに、**改正後の同条但書**では、**賃借人の責めに帰すべき**事由による修繕について、**賃貸人に修繕義務が****ない**ことが規定されている。

　さて、賃貸人が修繕義務を負うことはよいとして、修繕してほしいと請求しても、すぐに対応してもらえないケースもあろう。そこで、賃借人が自ら修繕してしまい、後でその費用を賃貸人に請求するほうがスムーズなこともある。

　そこで、**改正民法607条の2**において、**賃借人が自ら修繕できるケース**が新設された。次の2つのケースが規定されている。

> ▶**賃借人が自ら修繕できるケース**
> ①賃借人が賃貸人に修繕が必要である旨を通知し、又は賃貸人がその旨を知ったにもかかわらず、賃貸人が相当期間内に必要な修繕をしないとき
> ②急迫の事情があるとき

変更 **2 減収に基づく賃料減額請求権の変更**

　改正前の民法609条では、収益を目的とする土地の賃借人（宅地を除く）について、不可抗力によって賃料より少ない収益を得たときは、その収益の額に至るまで、賃料の減額を請求することができると規定されていた。

　しかし、もともと同条は小作料の減額を想定しているため、その点を明確にすべく、**改正民法609条**は「**耕作又は牧畜を目的とする土地の賃借人**」を対象にする条文へと変更された。もともと出題可能性の低い条文ではあるので、ここで一読しておけば十分であろう。

変更 **3　目的物が使用・収益できなくなった場合、「当然」に賃料が減額される！**

改正前の民法611条1項では、賃借物の一部が賃借人の過失によらないで滅失したとき、賃借人は、その滅失した部分の割合に応じて、賃料の減額を「請求」できるとされていた。

しかし、賃借物の一部滅失等で、その使用が不可能となった場合、賃料も「当然」に発生しないと考えるべきとの批判があったため、賃借物の一部滅失に限らず、「**使用**及び**収益**をすることが**できなくなった**」場合、賃借人の請求なくして、**当然**に賃料が**減額**されることとされた（**改正民法611条1項**）。

なお、残存部分のみでは、賃借人が賃借の目的を達することができないとき、賃借人は、契約の解除もすることができる。

明文化 **4　適法な転貸借契約がされた場合の原賃貸借契約の合意解除は、転借人に対抗できない点が明文化**

適法に転貸借契約がされた後、原賃貸人と転貸人（原賃借人）との間で、**原賃貸借契約が「合意」解除**された場合、従来の判例（大判昭9.3.7）は、**原賃貸人は、その合意解除の効力を転借人に対抗できない**とされていた。**この判例理論**が、**改正民法613条3項**で明文化された。

なお、**原賃貸借契約が債務不履行により解除**される場合、原賃貸人の転借人への目的物の明渡請求時に、転貸人の転借人に対する使用収益させる義務が**履行不能**となり、転貸借契約も**終了**することとなるとされており（最判平9.2.25、改正民法613条3項但書参照）、原賃貸借契約を債務不履行によって解除するにあたって、原賃貸人から転借人に対する催告は**不要**と解されている。

合意解除を対抗**できない**

①賃貸借契約
③合意解除
原賃貸人

②転貸借契約
転貸人（原賃借人）

転借人

変更　5　使用貸借契約が「諾成契約」となった！

　賃貸借契約の改正点を確認した流れで、使用貸借契約についても確認しておこう。使用貸借契約とは、無償で物の貸し借りをする契約のことである。無料で物を貸してあげる契約と考えればよかろう。

　試験対策上、重要な改正点は、**使用貸借契約が諾成契約となった点で**ある（**改正民法593条**）。改正前は、目的物を引き渡した時に契約が成立する要物契約とされていた。無償契約である点は変わらない。

　そして、使用貸借契約が**諾成**契約となったことで、従来とは異なり、まだ**目的物を引き渡していない段階**で、**契約が成立している**こととなる。そこで、改正民法593条の2では、**貸主は、借主が目的物を受け取るまでの間は、（自由に）契約を解除できる**としつつ、**使用貸借契約が書面でなされた場合**は、それだけ借主としては、借りる期待が大きかったということで、**目的物を受け取るまでの貸主の解除を否定**している。

　なお、164ページで触れた「諾成的消費貸借契約」とは異なり、**使用貸借契約の締結に、書面は要求されていない**。要求していないけれども、**わざわざ書面で締結**した場合は、**上記解除を否定**したというわけだ。

過去問の確認と予想問題

 過去問　平成30年度　問題32

> 物の貸借に関する次のア〜オの記述のうち、民法の規定に照らし、それが、使用貸借の場合にも賃貸借の場合にも当てはまるものの組合せはどれか。
>
> ウ　借主は、目的物を返還するときに、これに附属させた物を収去することはできない。

〔解説〕　改正前×　→改正後　×

　改正前の民法598条は、借主は借用物を原状に復して、これに附属させた物を収去することができると規定しているから、**使用貸借に当てはまらない**。また、改正前の民法616条は、同法598条を準用しているか

ら、**賃貸借に当てはまらない**。

一方、**改正民法599条2項**は、借主は、借用物を受け取った後これに附属させた物を収去することができると規定しているから、改正民法でも、**使用貸借に当てはまらない**。また、**改正民法622条**は、同法599条2項を準用しているから、改正民法でも、**賃貸借に当てはまらない**。

 予想問題

> AB間で、Aを貸主、Bを借主として、A所有の甲建物につき、①賃貸借契約を締結した場合と、②使用貸借契約を締結した場合に関する次の記述のうち、民法の規定によれば、誤っているものはどれか。
>
> AB間の契約は、①では諾成契約であり、②では要物契約である。

〔解説〕　改正前 ○　→改正後 ×

改正前の民法では、本問は正しかった。しかし、**改正民法593条**では、**使用貸借契約は、諾成契約**と変更になったので誤っている。

 予想問題

> 次の記述のうち、民法の規定及び判例によれば、正しいものはどれか。
>
> 建物の賃貸人が必要な修繕義務を履行しない場合、賃借人は目的物の修繕が必要である旨を通知しなければ、自ら修繕することはできない。

〔解説〕　×

賃借人が、賃貸人に目的物の修繕が必要である旨を**通知**し、又は賃貸人がその旨を**知った**にもかかわらず、賃貸人が**相当期間内**に必要な修繕を**しない**とき、賃借人は自ら修繕を行うことができる。また、**急迫の事情**があるときは、賃貸人への**通知**を行うことなく、自ら修繕を行うことができる（**改正民法607条の2**）。よって、必ず**通知**をしなければならないわけではない。

30 請負・委任・寄託に関する改正点を確認しよう

出題可能性 ★★

改正のポイント！

改正前	改正後
請負契約の目的物に瑕疵があるとき、注文者は、瑕疵修補請求ができる。また、注文者は、瑕疵修補に代えて、又はその修補とともに、損害賠償請求ができる	➡請負契約の注文者の救済手段が、以下の4つとなった ①追完請求権、②代金減額請求権、③損害賠償請求権、④解除権
請負契約の目的物に瑕疵がある場合でも、建物その他の土地工作物については、解除できない	➡左の規定が削除された（土地工作物に関する請負契約についても、解除が可能となった）
請負人の担保責任は、目的物の引渡時から1年以内にしなければならない。土地工作物は引渡後5年間、石造、れんが造、コンクリート造、金属造等の構造の工作物は10年	➡請負人への責任追及には、原則として、不適合を「知った時から1年以内」の通知が必要と変更された（詳細は172ページ参照）
寄託契約は、要物契約であった	➡寄託契約が、諾成契約と変更された

削除
土地工作物に関する
請負契約の解除が
可能となった

土地工作物に関する請負契約

請負人

注文者

■ 改正点の解説

変更 **1 「請負契約」についても、売買契約と債務不履行の規定が適用される**

請負契約において問題が発生したため、請負人に責任追及しようとする場合、改正民法では、請負契約固有の規定はない。

よって、**請負契約**は有償契約である以上、民法559条により**売買契約の規定が準用**され、また、**損害賠償請求と解除**については、**債務不履行の規定**が使われることとなる。

つまり、請負契約において、**目的物が契約の内容に適合しない**場合、以下の**4つの救済手段が可能**となる。

> ▶**改正民法における、請負契約の買主の救済手段**
> ①**追完**請求権（改正民法562条、559条）
> ②**代金減額**請求権（改正民法563条、559条）
> ③**損害賠償**請求権（改正民法564条、565条、415条）
> ④**解除**権（改正民法564条、565条、541条、542条）

これらの権利の詳細は、143ページからの売買契約での解説を参照してほしい。

なお、**請負人が種類又は品質**に関して、**契約の内容に適合しない仕事の目的物を注文者に引き渡した**とき（引渡しを要しない場合は、仕事終了時に仕事の目的物が種類又は品質に関して、契約の内容に適合しないとき）は、注文者は、**注文者の供した材料の性質又は注文者の与えた指図によって生じた不適合**を理由として、**上記①〜④をすることができないという制限**はある（**改正民法636条**）。要するに、注文者に責任があるような場合は、責任追及できないということだ。

ただし、**請負人がこれらを知りながら、告げなかった**ときは、この限りでない（上記①〜④の権利行使が可能）。数量不足が除かれている点は、少し注意をしておきたい。

削除 **2　土地工作物の欠陥についても、請負契約を解除できることに！**

　改正前の民法635条では、仕事の目的物に瑕疵があり、そのために契約をした目的を達することができないとき、注文者は、契約の解除をすることができるとしつつ、その但書において、**目的物が建物その他の土地工作物**であった場合、目的物に瑕疵があったとしても、**請負契約の解除が否定**されていた。

　しかし、ここは批判のあった規定の1つである。いわゆる欠陥住宅を建てられた場合、解除が否定され、後は瑕疵修補請求か損害賠償請求で処理してね…というのは、あまりに注文者に酷である。

　よって、**改正民法**では、**この規定は削除**された。その結果、**解除権については債務不履行の一般原則に従う**こととなり、**土地工作物に関する請負契約についても解除できる**ことになった。

　ただし、不履行（欠陥）の程度にもよるが、改正前の民法635条が削除されたのみであり、実際の事例で本当に解除が認められていくのかは、今後の解釈を待つ必要があろう。

　その意味で、土地工作物の請負契約における解除の可否が、試験で出題される可能性は低いかもしれないが、重要な改正点ではある。

変更 **3　請負人への責任追及には、不適合を「知った時から1年以内」の通知が必要に！**

　前ページで述べたように、**請負契約の目的物が契約内容に適合しない**とき、注文者は、①追完請求、②代金減額請求、③損害賠償請求、④解除をすることができるようになる。

　そして、**これらの責任追及期間**について、**注文者がその不適合を知った時から1年以内に、その旨を請負人に通知しない**ときは、注文者は、**その不適合を理由**として、上記①〜④の**権利行使ができない**とされた（**改正民法637条1項**）。

　ただし、**目的物の引渡時**（引渡しを要しない場合は、仕事の終了時）において、**請負人が不適合について知っているか、重過失で知らなかった**ときは、この期間制限は適用されない（**同条2項**）。

　なお、売買契約のときも述べたが、ちゃんと通知を行った場合や、売主が不適合について悪意・重過失だった場合、ずっと責任追及ができるわけではなく、債権に関する一般的な消滅時効期間が適用されることとなる。

　つまり、原則として、**不適合を知った時から5年、引渡し又は仕事終了時から10年**をもって、**①〜④の権利は時効により消滅**することとなる（**改正民法166条1項**）。

新設　**4　復委任は、許諾かやむを得ない場合に可能！**

　ここからは**「委任契約」**の話に入る。先に述べておくと、委任契約については、従来の解釈の明文化が多く、大きな影響はない。

　委任については**改正民法644条の2**が新設され、その1項において、**復受任者の選任の要件**について規定された。結論として、**受任者は、委任者の許諾を得たとき、又はやむを得ない事由があるときでなければ、復受任者を選任することができない**。"その人だから"お願いするということもあり、勝手に下請に出せないということだ。

　また、**復受任者**は、受任者から与えられた権限の範囲内において、委任者に対して、**受任者と同一の権利を有し、義務を負う**（**同条2項**）。要するに、復受任者は、受任者から与えられた権限の範囲内では、直接委任者に対して権利義務があるということだ。

　なお、任意代理人が、復代理人を選任する際の規定（民法106条2項、改正なし）と同様の規定なので、セットで覚えておこう。

変更　**5　報酬後払いは維持されたが、割合的請求に関する規定が整備された**

　改正前から、**受任者の報酬請求権は後払いが原則**とされており、**この点に改正はない**。通常は、報酬に関する特約を結ぶと思うが、それはさておき、改正民法では、受任者に報酬請求権があり、**委任事務の処理中に委任契約が終了**した場合の、割合的請求の規定が整備された。

　結論として、**受任者はたとえ自らに帰責事由があった**としても、**報酬の割合的請求が可能**となる（**改正民法648条3項**）。

▶**受任者が、既履行の割合に応じて報酬請求できる場合**
①**委任**者の責めに帰することができない事由で、**委任事務の履行
ができなくなった**とき
②**委任が履行の中途で終了した**とき

新設 **6 「成果」型の委任規定が新設された**

　そもそも委任とは、法律行為その他の事務処理を他人にお願いするものである。前ページで述べたように、原則として、無報酬だが、特約がある場合は、報酬請求が可能だ。実務上の要請から、この委任について、**「成果」型の委任契約の規定が新設**された。請負契約に近いイメージだ。

　委任事務の「成果」に対して報酬を支払うことを約した**場合で、その成果が**引渡し**を要するとき、報酬は、その成果の**引渡し**と**同時**に、支払わなければならない**（改正民法648条の2第1項）。

　では、「成果」の「引渡し」を要しない委任事務の場合、報酬はいつ支払うことになるのか。この場合、一定の場合を除き、委任の原則である648条2項（改正なし）が適用され、後払いとなる。

　成果型の委任契約の場合、引渡しを要するものか否かで、報酬の支払時期が異なりうることは注意しておきたい。

変更 **7 寄託契約が「諾成契約」に変更された！**

　ここからは**「寄託契約」**の話に入る。物を預かってもらう契約だ。改正前の民法では、寄託契約は要物契約と規定されていたので、目的物を引き渡す前に、契約が成立することはなかった。

　しかし、要物契約とする合理的理由がないことなどの理由から、**改正民法では、**諾成**契約とされた**（改正民法657条）。

　また、これに伴い、**寄託物を預ける前**における、**寄託者による**契約解除権**が新設**された。これにより受寄者に損害が発生した場合、受寄者は損害賠償請求ができる（**同法657条の2第1項**）。

　一方、**「受寄者」**の解除権は、次のように整備された。

▶寄託物を受け取る前の「受寄者」の解除権（改正民法657条の2第2項・3項）

①無償寄託の場合

書面によらない寄託　➡寄託物を受け取るまでは自由に解除できる

書面による寄託　➡寄託物を受け取るべき時期を過ぎたにもかかわらず、寄託者が寄託物を引き渡さない場合、相当の期間を定めて引渡しを催告し、その期間内に引渡しがないときに解除できる

②有償寄託の場合　➡上記書面による無償寄託と同じ

❸❹
請負・委任・寄託に関する改正点を確認しよう

新設　**8　損害賠償請求等の期間制限が新設された**

　改正民法664条の2第1項は、寄託物の一部滅失又は損傷によって生じた損害賠償、受寄者が支出した費用の償還は、寄託者が返還を受けた時から1年以内に請求しなければならないと規定した。

　また、この「損害賠償請求権」については、寄託者が返還を受けた時から1年を経過するまでの間、時効は完成しない（同条2項）。

　なお、受寄者の注意義務について、無償寄託の場合は、自己の財産に対するのと同一の注意義務、有償寄託の場合は、善管注意義務という点に変更はない（改正民法659条）。

ONE POINT!!　ちょこっとコメント

　改正民法は、委任に関する報酬を割合履行型（同法648条）（改正前の民法と同じ）と、成果完成型（同法648条の2）に分けて規定している。成果完成型の報酬とは、弁護士や不動産仲介の成功報酬をイメージするとわかりやすい。

　成果完成型の報酬の枠組みは、概ね請負と同じであるといえよう。仕事完成型の委任には仕事の完成義務はないが、請負には仕事の完成義務がある点が両者の相違点である。

■ 過去問の確認と予想問題

 過去問　平成24年度　問題32

無償契約に関する次の記述のうち、民法の規定および判例に照らし、妥当なものはどれか。

4　委任が無償で行われた場合、受任者は委任事務を処理するにあたり、自己の事務に対するのと同一の注意をもってこれを処理すればよい。

〔解説〕　改正前 ×　→改正後 ×

　民法644条は、受任者は、委任の本旨に従い、**善良な管理者の注意**をもって、委任事務を処理する義務を負うと規定していたところ、同条については、**改正はない**。したがって、改正の前後を通じて妥当ではない。

 予想問題

請負契約に関する次の記述のうち、民法の規定によれば、正しいものはどれか。

請負の目的物である建物に重大な欠陥があるために、注文者が損害賠償請求をする場合、原則として、請負人が当該建物を引き渡した時から1年以内にその欠陥の内容を通知しなければならない。

〔解説〕　×

　請負人への責任追及には、原則として、**注文者が不適合を知った時から1年**以内に、その旨を請負人に**通知す**必要がある（改正民法637条1項）。

第1章　令和2年度試験からの出題範囲　改正899条の2、1013条等（相続法）

31 相続財産、遺言に関する主な改正点を確認しよう

出題可能性　★

改正のポイント！

改正前	改正後
規定なし	➡相続による権利の承継について、**法定相続分**を**超える**部分は、対抗要件を備えなければ、第三者に対抗できないと新設された
規定なし	➡以下の判例理論が明文化された ・相続分の指定があった場合でも、被相続人の債権者は、各共同相続人に**法定相続分**に従った請求ができる（最判平21.3.24）
規定なし	➡遺産に属する預貯金債権について、遺産分割前でも、**一定額**は**行使できる**ことが新設された
規定なし	➡**遺言執行者**は、任務開始時に相続人に対して、**遺言の内容**を**通知**することが新設された
遺言執行者がいる場合の相続財産の処分は、無効（絶対的無効が判例）	➡**遺言執行者がいる場合の相続財産の処分（無効）**は、**善意の第三者**には、対抗できないと変更された

　ここからは**「相続法」**の分野に入る。相続法の改正は、**配偶者の居住の権利**の創設が重要だ（184ページ以降参照）。まずは**配偶者の居住の権利以外**の主な改正点を確認しておく。

■ 改正点の解説

新設　1　法定相続分を超える権利の承継について、対抗要件が必要となった！

　最初に**改正相続法の雑感**を述べておくと、改正点は多数にのぼるものの、184ページから述べる「配偶者の居住の権利」の創設等は別として、**試験対策上は、重要な改正点は少ない。**

　例えば、遺留分侵害の効果が"金銭債権の取得"になるという改正がなされたが（206ページ以降参照）、その影響で関連条文の文言等が調整されたという改正も多く、このような改正点は気にする必要はない。

　よって、相続法の改正点については、念のため、一読しておくべきものを紹介し、その後、「配偶者の居住の権利」と「遺留分」に関する重要な改正点を紹介する。

　具体的な内容に入ろう。まずは、**新設された改正民法899条の2**についてだ。同条1項は、**相続による権利の承継**について、**遺産の分割によるものかどうかにかかわらず、法定相続分を超える部分**については、**登記等の対抗要件を備えなければ、第三者に対抗できない**とした。

　例えば、次ページの図のように被相続人Aには、相続人として子BCがいたとする（他に相続人はいない）。Aの相続財産は3,000万円の不動産であり、AはDに対して1,500万円の債務を負っていた。Bは遺言によって、当該不動産の3分の2（2,000万円相当）の共有持分を取得することとなった。BCの相続分を法定相続分で計算すると、当該不動産を2分の1ずつの割合で共有するはずだ。よって、Bは法定相続分を超えて権利を取得しているが、その点について、登記がされていなかった。

　そして、Dが、Cは法定相続分を相続したと信じて、当該不動産のCの法定相続分を差し押さえたとする。この場合、Bの法定相続分を超えて権利取得した部分（500万円相当）に関して、BD間の優劣関係はどうなるかという問題である。

　なお、もともとBが法定相続分で相続する部分（1,500万円相当）については、BDで優劣関係とはならず、Bは登記なくしてDに対抗できる。

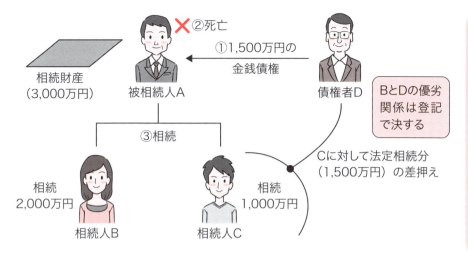

相続財産
(3,000万円)

②死亡

①1,500万円の
金銭債権

被相続人A

債権者D

BとDの優劣
関係は登記
で決する

③相続

Cに対して法定相続分
(1,500万円) の差押え

相続
2,000万円

相続
1,000万円

相続人B

相続人C

　細かい説明は省略するが、従来の判例では、Bが法定相続分を超える権利を取得した原因等で、結論が異なっていた。具体的には、①Bの取得原因が遺贈や遺産分割の場合は、BD間の優劣は登記で決し、②相続分の指定や遺産分割方法の指定であった場合は、Bは登記なくしてDに対抗できた。改正後は、**この②についても登記で決着**させるということである。

明文化　**2　相続分の指定があった場合でも、被相続人の債権者は、共同相続人に法定相続分に従った請求ができる**

　「相続分の指定」とは、上の例を使うならば、「Bに3分の2を、Cに3分の1を」と、**法定相続分と異なる相続割合を遺言で指定、または指定することを第三者に委託**しておくことである。

　この**相続分の指定が行われた場合、被相続人Aの債権者は**、相続人である**BCに対して、どのような割合で債権の請求ができるのか**という問題があり、この点を**新設したのが改正民法902条の2**である。

　結論として、債権者の意向を無視して、債務者（被相続人）が勝手に債務のあり方を変えてしまうのはよろしくないので、**相続分の指定があった場合**にも、**法定相続分に応じて、各共同相続人に請求することができる**とされた。これは従来の判例（最判平21.3.24）の解釈を踏まえたものである。ちなみに、債権者が承認した場合は別である。

　試験対策上は微妙だが、実務的には割と重要な改正である。そもそも**「預貯金債権」**とは、預金又は貯金口座に係る預金・貯金債権のことで、要するに、**銀行等に預けているお金を返してもらう債権**だ。

　そして、従来の判例では、預貯金債権は遺産分割の対象とされていたため、遺産分割の成立前に、預貯金の払戻しを行うためには、共同相続人全員が共同して債権を行使する必要があった。

　すると、当面の生活費や葬儀費用が捻出できない相続人が発生することがあったので、**遺産分割前**であっても、各共同相続人が、**一定の預貯金は払い戻せる**ようにしよう、とされたのが**改正民法909条の2**である。

　払戻しができるのは、あくまで"一定額"であり、「預貯金債権額の3分の1×法定相続分」（かつ法務省令で定める額は同一の金融機関からは150万円以内）である。

　試験対策上、具体的な払戻し額まで覚える必要はないが、**遺産分割前**であっても、**預貯金債権の"一定額は払い戻せる"**ということは覚えておこう。

ONE POINT!! **ちょこっとコメント**

　これはすでに令和元年度の試験から試験範囲内となった改正点だが、**「自筆証書遺言」**の**財産目録**（遺産一覧などの資料）については、**自書（遺言者が自ら書くこと）が不要**になったという改正もある（改正民法968条2項、平成31年1月13日施行）。

　自筆証書遺言について、財産目録は添付しなければならないものではないが、これを添付する場合、そこまでは自書しなくてもよいよ、という規定である。ただし、その**財産目録の毎ページ**には、**遺言者の署名・押印**が必要だ。

　なお、改正前後にかかわらず、**自筆証書遺言自体は全文の自書が必要**であるので注意しよう（民法968条1項）。

変更　**4　遺贈義務者は、相続開始時の状態で目的物を引き渡せばよくなった**

　試験対策上は細かい改正点であるが、**遺贈義務者は、遺贈の目的とされている物や債権**について、相続開始時の**状態で引き渡せばよい**、という改正がなされた（**改正民法998条**）。

　改正前の民法998条では、遺贈義務者は、売主と同様の担保責任を負うものとされていたが、遺贈義務者の責任を軽くする改正である。

新設　**5　遺言執行者は、任務開始時に相続人に対して、遺言の内容を通知することとなった**

　これも試験対策上、細かい改正点ではある。**遺言執行者**とは、**遺言**があった場合、その**内容を執行する者**である。遺言執行者がいる場合、遺贈の履行は、この遺言執行者が行わなければならない（**改正民法1012条2項**）。

　改正前の民法では、遺言執行者がいる場合でも、相続人に対して何らの通知義務規定がなかったため、そもそも遺言執行者がいるのかいないのかという点すら知らないうちに、遺言執行が完了…ということもありえ、トラブルの原因になっていた。

　そこで、この**遺言執行者が任務を開始**したときは、**遅滞なく、遺言の内容**を相続人に**通知しなければならない**という規定が**改正民法1007条2項**で新設されたのである。

変更　**6　遺言執行者がいる場合の相続財産の処分について、善意の第三者には、対抗できない！**

　上記の遺言執行者がいる場合、遺言執行者には、遺言の内容を実現するため、執行に必要な一切の行為をする権利義務が認められる（**改正民法1012条1項**）。そして、相続人は、相続財産を処分するなど、遺言の執行を妨げる行為が禁じられる（**同法1013条1項**、改正なし）。

　そして、**相続人が遺言の執行に抵触する相続財産の処分**を行った場合、従来の判例では、**その処分は無効**と解されていた（最判昭62.4.23）。

　そして、この**無効の意味**について、誰が何を言おうが、絶対的に無効

であるという判例（大判昭5.6.16）であったものの、あまりに取引の安全を軽視しすぎではないか…との批判もあった。

　そこで、**改正民法1013条2項**は、**遺言執行者がいる場合における相続人の相続財産の処分行為**について、**無効**としつつ、**その無効について、善意の第三者には対抗できない**と変更した。

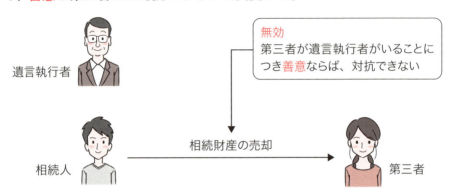

遺言執行者

無効
第三者が遺言執行者がいることにつき善意ならば、対抗できない

相続人　　　　　　　相続財産の売却　　　　　　　　第三者

ゴロ合わせ！ ▶ **遺言執行者がいる場合の相続財産の処分**

知らない第三者に言えない
（善意の第三者には、対抗できない）

おしっこの処理の向こう側
（遺言執行者がいる場合の財産処分が
　無効であること）

ONE POINT!! ちょこっとコメント

　今回の相続法改正では、遺言執行者の権限を明確にする改正が数多くされた。しかし、遺言執行者については、その権利義務等の細かい知識が出題されることがほとんどないため、本書では解説を省略した改正点がいくつかあることは、念のため、コメントしておく。

■ 予想問題

 予想問題

> **遺言及び遺留分に関する次の記述のうち、民法の規定及び判例によれば、正しいものはどれか。**
>
> 遺言執行者が管理する相続財産を相続人が無断で処分した場合、当該処分行為は、遺言執行者に対する関係で無効となるが、第三者に対する関係では無効とならない。

〔解説〕　×

　改正民法1013条2項は、遺言執行者がある場合、相続人がした相続財産の処分行為の無効は、**善意の第三者**に対抗することができないと規定している。したがって、悪意の第三者に対する関係では**無効**である。

 予想問題

> **Aが死亡し、それぞれ2分の1の相続分を持つAの子BC（他に相続人はいない。）が単純承認し、共同相続した。この場合に関する次の記述のうち、民法の規定及び判例によれば、正しいものはどれか。**
>
> 相続財産である土地につき、「Bに3分の2を取得させる」旨のAの遺言による相続分の指定があった。当該土地について、CはC単独名義への所有権移転登記をし、これを第三者Dに譲渡し、所有権移転登記をしても、Bは3分の2の持分を登記なくして、Dに対抗できる。

〔解説〕　×

　相続による権利の承継について、**法定相続分を超える**部分については、**登記等の対抗要件**を備えなければ、**第三者に対抗できない**（改正民法899条の2第1項）。よって、Bは法定相続分である2分の1の持分を**超える**部分については、登記なくして、Dに対抗**できない**。

32 「配偶者居住権」という新しい権利が創設された！

出題可能性　★★

改正のポイント！

改正前	改正後
規定なし	➡「**配偶者居住権**」という権利が**創設**された ➡配偶者居住権とは、被相続人の**配偶者**が**相続開始**時（＝被相続人の**死亡**時）に遺産に属する**建物**に**住んでいた**場合、その**居住建物**を**無償**で**使用・収益**できる権利である ➡配偶者居住権が発生するのは、①**遺産分割**、②**遺贈**、③**死因贈与**契約のいずれかが行われたケースである

②建物所有権を相続

建物に居住

相続人C
（ABの子）

新設
一定の場合、建物所有者に対して、居住建物を無償で使用・収益できる配偶者居住権を取得

✕①死亡

配偶者B　　被相続人A

③Bが配偶者居住権を取得

　ここからは「**配偶者の居住の権利**」の話に入る。**新たに創設**された権利であり、相続法改正の目玉の1つである。**居住建物に関する権利**であり、**行政書士試験でも出題可能性が高い**重要な改正点だ。

改正点の解説

新設 **1 「配偶者の居住の権利」の大まかなイメージ**

　細かい内容に入る前に、まずは**「配偶者の居住の権利」**の大まかなイメージをつかんでおこう。

　まず、「配偶者の居住の権利」は、**「配偶者居住権」**（改正民法1028条〜1036条）と、**「配偶者短期居住権」**（同法1037条〜1041条）の2つに分けられる。

　「配偶者居住権」は、**被相続人**の配偶者が相続開始時（＝被相続人の死亡時）に遺産に属する建物に住んでいた場合、そこを無償で使用・収益する権利を取得するものである。これは**所有権**ではない。新しく"そういう権利"を創設したのだ。被相続人の配偶者がそれまで住んでいた自宅を相続できなかったとしても、そのまま住める権利である。

　例えば、相続人が配偶者と子のケース（前ページの図参照）で、遺産総額が4,000万円（うち自宅2,500万円）だったとする。

　配偶者と子の法定相続分は、2分の1（2,000万円）ずつなので、配偶者が自宅を相続する場合、子に500万円を支払う必要があり、その500万円を用意できない場合、配偶者は自宅を相続できない可能性がある。また、自宅を相続することで"現金"の相続もできない。

　そこで、配偶者に「配偶者居住権」を取得させることで、**配偶者が従前の自宅に住み続けることができる**ようにするのだ。配偶者居住権の評価額は、一定の制限があるため、一般的にその不動産の評価額よりも低く算定される想定である。上の例で、配偶者居住権の評価額が1,000万円とされた場合、配偶者の相続分は2,000万円なので、**配偶者は自宅に住み続けられる**うえに、**1,000万円の遺産を相続できる。**

　他方、**「配偶者短期居住権」**は、同じく**被相続人の配偶者**が**相続開始時**（＝被相続人の死亡時）に**遺産に属する建物に住んでいた**場合、遺産分割が終わるまでなどの一定期間、**無償で居住建物を**使用できる権利である。この権利について、詳しくは195ページから解説する。

新設 **2 「配偶者居住権」のポイントを押さえよう！**

　では、「配偶者居住権」の解説に入る。まず、**配偶者居住権を取得す**ることができるのは、**「被相続人の配偶者」**のみである。

　そして、**この権利の対象は「相続開始の時」に「配偶者」が「居住」**していた**「居住建物」**のみであり、**土地は対象となっていない**。

　こう書くと、**「相続開始の時」に「被相続人の配偶者」**がその建物に**「居住」**していた場合、配偶者居住権が自動的に発生しそうだが、そうではない。**主に次の3つのケースのいずれかを経て発生**する。

> ▶**配偶者居住権が発生する3つのケース**
> ①**遺産分割**
> ②**遺贈**
> ③**死因贈与**契約

　例えば、相続人が被相続人の配偶者（妻）と子2人だけだった場合、その3人で**遺産分割**協議等をして、妻に配偶者居住権を取得させようとしたときや、もともと被相続人（夫）が妻に対して、配偶者居住権を**遺贈**の目的としていたとき、また、被相続人（夫）と配偶者（妻）の間で、配偶者居住権を取得させる**死因贈与**契約を結んでいたときしか、発生しない。ベースとなる**改正民法1028条1項**も紹介しておこう。

改正民法1028条（配偶者居住権）1項

被相続人の配偶者（以下この章において単に「配偶者」という。）は、**被相続人の財産に属した建物に相続開始の時に居住**していた場合において、次の各号のいずれかに該当するときは、その**居住**していた**建物**（以下この節において「居住建物」という。）の**全部について無償で使用及び収益をする権利**（以下この章において**「配偶者居住権」**という。）を**取得**する。ただし、被相続人が相続開始の時に居住建物を配偶者以外の者と共有していた場合にあっては、この限りでない。

一　**遺産の分割**によって配偶者居住権を取得するものとされたとき。

二　配偶者居住権が**遺贈**の目的とされたとき。

前ページの条文のとおり、配偶者が配偶者居住権を取得した場合、**居住建物の全部**について、**無償で使用・収益**をすることができる。「**使用**」だけではなく、「**収益**」をすることも可能なので、例えば、賃貸借契約を結ぶなどして、利益を上げることも可能だ。

そして、その建物に部屋がいくつかあり、配偶者が全ての部屋を使っていなかったとしても、建物**全部**について、**使用・収益**が可能となる。

また、**この権利の存続期間は、原則として、終身の間**である（改正民法1030条）。**その配偶者が生きている間は、権利が存続**するということだ。ただし、**遺産分割協議等で別段の定めがあるときは、それによる**（同条但書）。なお、**登記**もできる（**同法1031条**）。

ちなみに、前ページの改正民法1028条1項の但書では、「**被相続人が相続開始の時に居住建物を配偶者以外の者と共有**していた場合にあっては、**この限りでない。**」と規定されている。つまり、**もともと被相続人がその配偶者以外の者と建物を共有**していた場合、その第三者の利益を考え、配偶者に**配偶者居住権を取得させることができない。**

▶**「配偶者居住権」の主なポイント**

項　目	内　容
誰が取得できるか？	被相続人の**配偶者**のみ
対象となる目的物は？	**居住建物**のみ
どの時点での居住が必要か？	**相続開始**の時
配偶者居住権が発生する主な3つのパターンは？	①**遺産分割**、②**遺贈**、③**死因贈与**契約
権利内容は？	**居住建物の全部**について、**無償で使用・収益**ができる
配偶者居住権の存続期間は？	原則として、配偶者の**終身**の間**別段の定め**があれば、それによる
配偶者に配偶者居住権が発生しない場合は？	**被相続人が相続開始時に居住建物を配偶者以外の者と共有**していた場合
登記はできるか？	**できる**

特に令和2年度の試験では、前ページまでの内容を押さえていれば対応できそうだが、その翌年以降は、さらに細かい部分が問われる可能性はあるので、もう少し詳しい内容を確認しておこう。

新設　3　配偶者居住権の登記は「所有者」が行う

配偶者居住権は登記をすることができる。そして、**改正民法1031条**は、**居住建物の所有者は**、配偶者に対し、**配偶者居住権の設定の登記を備えさせる義務を負う**と規定する。つまり、この権利の**登記義務者は、その居住建物の所有者**である。別の言い方をすれば、配偶者は、その所有者に対して登記を求める権利を有することとなる。

ONE POINT!! ちょこっとコメント

配偶者が配偶者居住権を取得する場合、当該建物について、**別に所有権者がいることが前提**となる。もし配偶者が当該建物の所有権を有するのであれば、少なくとも居住という点については、そのまま住み続ければよいわけで、配偶者居住権を取得する意味はない。

そして、登記を備えた配偶者居住権は、その居住建物について物権を取得した者などに配偶者居住権を対抗することができるし、また、160ページで述べた、①不動産の占有を第三者が妨害しているとき、その第三者に対する**妨害の停止の請求**、②**不動産を第三者が占有**しているとき、**その第三者に対する返還の請求**ができる（**改正民法1031条2項、605条の4**）。

妨害停止等の請求については、少し細かい知識なので、出題可能性が高いとは言えないが、賃貸借契約の改正点でもあるので、セットで覚えておけば安心だ。

予想問題

予想問題

相続に関する次の記述のうち、民法の規定によれば、**誤っているもの**はどれか。

被相続人の配偶者は、相続開始の時に、被相続人の財産に属した建物に居住していた場合、当然に、その居住建物の全部について、無償で使用及び収益をする権利を取得する。

〔解説〕　**×**

　配偶者居住権は、被相続人の配偶者が被相続人の財産に属した建物に居住していた場合、当然に取得する**ものではない**。主に①**遺産分割**、②**遺贈**、③**死因贈与**契約のいずれかにより取得する。

予想問題

相続に関する次の記述のうち、民法の規定によれば、**正しいもの**はどれか。

1　死亡したAの子Bが、Aの死亡時にAの財産に属した建物に居住していた場合、その居住建物の全部について、無償で使用及び収益をする権利を取得しうる。
2　死亡したAの妻Cが、Aの死亡時にAの財産に属した建物に居住していた場合において、Aの死亡時、Aが当該建物を第三者Dと共有していたときでも、Cは配偶者居住権を取得しうる。

〔解説〕　**1 ×　2 ×**

　選択肢1について、**配偶者居住権を取得**できるのは、被相続人の**配偶者のみ**であるので**誤っている**（改正民法1028条1項）。

　選択肢2について、**被相続人**が**相続開始時**に**居住建物を配偶者以外の者と共有**していた場合、当該被相続人の配偶者に**配偶者居住権を取得させることはできない**（同条項但書）。

33 「配偶者居住権」の使用・収益に関する規定を確認しよう

出題可能性　★

改正のポイント！

改正前	改正後
規定なし	➡ **配偶者居住権**について、以下の規定が**創設**された ① **配偶者**は、**配偶者居住権の使用・収益**に関して、**善管注意**義務を負う ② **配偶者居住権**は「**譲渡**」できない ③ 配偶者は、居住建物の**所有者の承諾**を得なければ、居住建物の**増改築**、**第三者**に居住建物を**使用・収益**させることができない ④ 上記①③の違反があった場合、居住建物の所有者は、相当の期間を定めて**是正の催告**をし、その期間内に**是正**がされないとき、**配偶者への意思表示**によって、配偶者居住権を**消滅**させることができる ⑤ **配偶者**は、**居住建物の修繕**ができる 　ただし、配偶者が必要な修繕をしない場合、所有者も自ら修繕できる ⑥ 居住建物の**通常の必要費**は、**配偶者が負担**する 　**有益費**等は、価格の増加が現存する場合、**所有者**の選択により、支出額又は増価額を**所有者**が負担

配偶者居住権者 ── 配偶者居住権の譲渡 ✕ → 第三者

新設 これは認められない

■ 改正点の解説

新設　1　配偶者は「善管注意義務」を負う

　配偶者居住権の**使用・収益**に関して、少し細かい部分をいくつか確認しておこう。どれも試験に出題される可能性はある。

　まず、**改正民法1032条1項**は、**配偶者は**、従前の用法に従い、**善良な管理者の注意**をもって、**居住建物の使用及び収益をしなければならない**とする。

　また、**同条2項**は、**配偶者居住権は「譲渡」できない**とする。賃貸借契約では、賃貸人の承諾があれば「譲渡」も可能だが、この違いは**注意**が必要である。

　そして、**同条3項**は、配偶者は、**居住建物の所有者の承諾**を得なければ、**居住建物の改築、増築、第三者**に居住建物の使用・収益をさせることができないとする。

　このうち、**第三者**の使用・収益については、少しわかりづらいかもしれない。要するに、**所有者の承諾**を得ることで、**第三者**と**「居住建物」**の**賃貸借契約**等を結ぶことが**できる**ということだ。"配偶者居住権を貸す"わけではない。

　「居住建物」の賃貸借契約を結ぶことで、第三者（賃借人）はその「居住建物」を使用できるし、配偶者はその「居住建物」を利用して収益を得ることが可能というわけだ。**配偶者居住権自体の譲渡ができない**点とは、区別しよう。

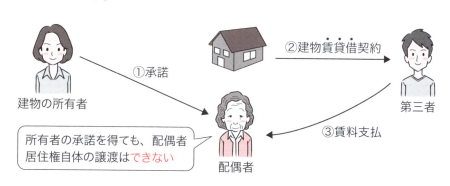

所有者の承諾を得ても、配偶者居住権自体の譲渡はできない

建物の所有者　①承諾　②建物賃貸借契約　第三者　③賃料支払　配偶者

191

新設 **2 配偶者の善管注意義務違反等で、居住建物の所有者は、配偶者居住権を消滅させることができる**

配偶者に善管注意義務違反があった場合や、配偶者が所有者の承諾なくして増改築等や賃貸借契約等を行った場合、居住建物の所有者は、相当の期間を定めて是正の催告をし、その期間内に是正がされないとき、当該配偶者に対する意思表示によって、配偶者居住権を消滅させることができる（改正民法1032条4項）。

つまり、配偶者居住権は、存続期間の満了以外においても、消滅する場合がある。

新設 **3 配偶者は、居住建物の修繕ができる**

賃貸借契約において、賃貸建物の修繕義務者は賃貸人であった。ただし、改正民法によって、賃借人が自ら修繕できる場合が規定された点は、166ページで述べたとおりだ。

配偶者居住権の場合、義務という規定の仕方ではないが、まずは配偶者が居住建物の修繕をできる（改正民法1033条1項）。ただし、配偶者が必要な修繕をしない場合、所有者も自ら修繕できる（同条2項）。似たような関係にあるので、一緒に押さえておけるとよい。

新設 **4 「通常の必要費」は、配偶者が負担する**

各種契約において発生する費用について、誰がその費用を負担するのかは過去の試験でも問われる部分である。そこで、配偶者居住権に関する費用の負担についても確認しておこう。

まず、居住建物の通常の必要費を負担するのは、配偶者である（改正民法1034条1項）。通常の必要費とは、建物の固定資産税などであり、特別の必要費とは、災害等の修繕費である。

そして、特別の必要費と有益費については、価格の増加が現存する場合に限り、所有者の選択により、支出額又は増価額を所有者が負担する（同法1034条2項、583条2項、196条）。

▶主な「必要費」と「有益費」のまとめ　※（　）内は民法の条文

権利等	必要費	有益費など
賃借人（608条、改正なし）	直ちに請求できる	賃貸借の終了時に、価格の増加が現存する場合、賃貸人の選択により、支出額又は増価額を請求できる 裁判所は、賃貸人の請求により、償還について相当の期限を許与できる
使用貸借の借主（595条、改正なし）	通常の必要費は、借主の負担（請求できない）	特別の必要費と有益費は、価格の増加が現存する場合、貸主の選択により、支出額又は増価額を請求できる 裁判所は、貸主の請求により、償還について相当の期限を許与できる
配偶者居住権を有する配偶者（1034条）	通常の必要費は、配偶者の負担（請求できない）	特別の必要費と有益費は、価格の増加が現存する場合、所有者の選択により、支出額又は増価額を請求できる 裁判所は、所有者の請求により、償還について相当の期限を許与できる

新設　5　配偶者居住権が消滅した場合の処理について

配偶者居住権が消滅した場合、当然のことながら、配偶者は居住建物を所有者に返還しなければならない（改正民法1035条1項）。

そもそも、原則として、配偶者居住権は、配偶者が終身の間は存続する（187ページ参照）。ただし、別段の定めがある場合は、その期間に従うこととなるので、その期間が終了した場合や、善管注意義務違反などで終了した場合に、配偶者の居住建物の返還義務が問題となる。

また、配偶者居住権が消滅した場合、配偶者には、居住建物の原状回復義務がある（同法1035条2項、621条）し、居住建物に附属させた物を収去する義務を負う（同法1035条2項、599条1項）。少し細かい規定だが、出題可能性はあるので、知っておいて損はない。

■ 予想問題の確認

 予想問題

> 相続に関する次の記述のうち、民法の規定によれば、誤っているものはどれか。
>
> 配偶者居住権は、当該権利を取得した配偶者が生存している間、消滅することはない。

〔解説〕 ×

　配偶者居住権は、原則として、配偶者が**終身**の間、存続する（**改正民法1030条**）。ただし、遺産分割協議若しくは遺言又は遺産分割の審判や**別段の定め**がある場合や、配偶者の**善管注意義務違反**などで終了するケースはあるので（192ページ参照）、「配偶者が生存している間、消滅することはない」という**わけではない**。

 予想問題

> Aが死亡し、Aとその妻Bが居住していた建物について、ABの子Cが所有権を相続し、Bが配偶者居住権を取得した。この場合に関する次の記述のうち、民法の規定によれば、誤っているものはどれか。
>
> Bは、配偶者居住権を第三者に譲渡することはできないが、Cの承諾を得て、配偶者居住権の目的となっている居住建物について、第三者と賃貸借契約を締結することはできる。

〔解説〕 ○

　配偶者居住権の「譲渡」は**できない**（改正民法1032条2項）。しかし、配偶者は、居住建物の**所有者**の**承諾**を得ることで、居住建物の**改築**、**増築**、**第三者**に居住建物の**使用・収益**をさせることができる（同条3項）。よって、本問のBは、居住建物の所有者であるCの承諾を得て、居住建物について、第三者と賃貸借契約を締結することが**できる**。

34 「配偶者短期居住権」は、法律上当然に発生する！

出題可能性 ★★

改正のポイント！

改正前	改正後
規定なし	➡「配偶者短期居住権」という権利が創設された ①配偶者短期居住権とは、被相続人の配偶者が相続開始時（＝被相続人の死亡時）に、被相続人の遺産に属する建物に無償で住んでいた場合、一定の期間、その居住建物を無償で使用できる権利である ②配偶者短期居住権は、要件を満たした場合、当然に発生する ③配偶者短期居住権は、居住建物の一部のみについても発生する ④配偶者短期居住権は、配偶者が「配偶者居住権」を取得した場合や、相続の欠格や廃除により相続権を失った場合、発生しない

②建物所有権を相続

相続人C
（ABの子）

建物に
居住

 ✕ ①死亡

配偶者B　被相続人A

新設
一定の場合、居住建物取得者に対し、居住建物を無償で使用できる権利が創設

③Bが配偶者短期居住権を取得

　ここからは「配偶者の居住の権利」のうち、**「配偶者短期居住権」**の内容を確認する。「配偶者居住権」とセットでの出題は大いにありえるので、しっかり確認しておこう。

■ 改正点の解説

新設 **1 「配偶者短期居住権」は、一定の要件で当然に発生！**

　185ページで述べたように、改正民法では**「配偶者の居住の権利」**という新しい権利が創設され、これは、**「配偶者居住権」**（改正民法1028条〜1036条）と、**「配偶者短期居住権」**（改正民法1037条〜1041条）の2つに分けられる。ここからは**「配偶者短期居住権」**について、確認していこう。

　「配偶者短期居住権」とは、**被相続人の配偶者が、相続開始時において、被相続人の財産に属した建物に無償で居住していた場合、一定の間は、その居住建物の所有権を相続又は遺贈により取得した者（居住建物取得者）に対して、居住建物を無償で使用できる権利**のことである。

　ひらたく言ってしまえば、前ページまでで確認してきた**「配偶者居住権」の短期版**であり、**居住建物を使用できる期間が"一定の間"に限られる**ものだ。

　配偶者短期居住権は、「配偶者居住権」とは異なる部分がいくつもある。例えば、相続開始時において、配偶者が居住建物に**「無償」**で居住していたことが要件となっているが、夫が被相続人だとして、夫の生前、妻が賃料を支払って居住していることは普通考えられないので、ここは気にする必要はないであろう。

　ただし、**「配偶者居住権」**とは異なり、**「配偶者短期居住権」**の場合、**配偶者は「使用」しかできず、「収益」は認められない**点は要注意である。

　また、もう1つ重要な相違点は、**「配偶者短期居住権」**の場合、改正民法1037条1項の要件に当てはまれば、**当然に発生**する。

　そして、**「配偶者短期居住権」**は、居住建物の一部のみを無償で使用していた場合、その**一部のみについて発生（同条項）**する点も要注意である。これら**「配偶者居住権」**と**「配偶者短期居住権」**の異同については、203ページにまとめてあるので、参考にしてほしい。

新設　2　「短期」とは、○○から6か月間！

　前ページで述べたように、「配偶者短期居住権」は、配偶者が"一定の間"、居住建物に無償で住むことができる権利である。この"一定の間"については、**改正民法1037条1項1号と2号**で定められている。

▶「配偶者短期居住権」を行使できる期間

①居住建物につき、**配偶者を含む**共同相続人間で**遺産分割を行う場合**

➡️ **遺産分割**により居住建物の**帰属**が**確定**した日、
又は、**相続開始**時から**6か月**を経過する日
のいずれか**遅い日**

②居住建物につき、**配偶者を含む**共同相続人間で**遺産分割を行わない場合**

➡️ 居住建物取得者の**配偶者短期居住権の消滅の申入れ**の日から**6か月**を経過する日

　①については、**普通に考えて遺産分割**が行われる場合、それなりに時間はかかるので、**遺産分割**により居住建物の**帰属**が**確定**した日から**6か月**を経過する日までのほうが、行使期間が長くなるだろう。

　そして、**上記①以外**の場合は、**すべて②**での処理となる。つまり、**居住建物取得者は、配偶者を含めた**共同相続人間で**遺産分割を行う場合を除いて、いつでも**配偶者短期居住権の消滅の申入れをすることができる（**改正民法1037条3項**）。その**申入れがされた日から、6か月**間ということだ。

　この点について逆に言えば、居住建物につき、配偶者を含む共同相続人間で遺産分割を行わない場合で、居住建物取得者の配偶者短期居住権の消滅の申入れを行わない場合は、ずっと配偶者短期居住権が存続しうることを意味している。

新設 **3　配偶者の相続の欠格や廃除等で、「配偶者短期居住権」は発生しない！**

　配偶者短期居住権は、要件に該当すれば当然に発生すると述べたが、**改正民法1037条1項但書**では、配偶者短期居住権が発生しないケースを定めている。それは、次のケースだ。

▶**「配偶者短期居住権」が発生しない場合**

①配偶者が相続開始時に**「配偶者居住権」を取得した場合**
②配偶者が、相続の欠格により、**相続権を失った場合**
③配偶者が、相続の廃除により、**相続権を失った場合**

　上記②と③の**相続の欠格と廃除**については、**試験でも出題される**部分ではあるので、注意しておきたい。

用語 **相続の欠格（民法891条）と廃除（同法892条）**

　「相続の欠格」とは、故意に被相続人等を死亡させるなどして、刑に処せられた者について、その者の**相続権を奪う制度**である。また、**「(推定相続人の)廃除」**は、相続人となる権利を有する者が、被相続人の生前に虐待をするなどした場合、被相続人などがその者の**相続権を奪うよう家庭裁判所に請求**する制度である。どちらも悪質なケースなので、このような場合、配偶者短期居住権も発生しない。

新設 **4　居住建物取得者は、配偶者短期居住権の使用を妨げてはならない**

　居住建物取得者とは、居住建物の所有権を相続又は遺贈により取得した者である。この**居住建物取得者**は、第三者に居住建物を譲渡するなどの方法によって、**配偶者の居住建物の使用を妨げてはならない**（改正民法1037条2項）。実は**「配偶者短期居住権」は、登記することができない**。すると、居住建物取得者が居住建物を譲渡してしまうと困ったことになる。よって、このような規定がなされている。

予想問題

 予想問題

> **相続に関する次の記述のうち、民法の規定によれば、誤っているものはどれか。**
>
> 被相続人の配偶者は、相続開始の時に、被相続人の財産に属した建物に無償で居住していた場合、その居住建物について一定の期間、無償で使用及び収益をする権利を取得することを家庭裁判所に請求することができる。

〔解説〕　×

　配偶者短期居住権は、要件を満たした場合、法律上**当然**に取得する権利である。配偶者の請求等によって取得する権利**ではない**。また、収益は認められていない。ちなみに、「配偶者居住権」は、主に①**遺産分割**、②**遺贈**、③**死因贈与**契約いずれかにより取得する権利である。

 予想問題

> **Aが死亡し、Aとその妻Bが居住していた建物について、ABの子Cが所有権を相続し、Bが配偶者短期居住権を取得した。この場合に関する次の記述のうち、民法の規定によれば、誤っているものはどれか。**
>
> Bは、配偶者短期居住権を第三者に譲渡することはできないが、配偶者短期居住権は、要件を満たした場合に法律上、当然に発生する権利である以上、Cは当該居住建物を第三者に譲渡することができる。

〔解説〕　×

　居住建物取得者(居住建物の所有権を相続又は遺贈により取得した者、本問のC)は、第三者に対する居住建物の譲渡その他の方法により**配偶者の居住建物の使用を妨げてはならない**(改正民法1037条2項)。よって、本問のCは、第三者に当該居住建物を譲渡することが**できない**。

35 「配偶者短期居住権」の使用 に関する規定を確認しよう

出題可能性　★

改正のポイント！

改正前	改正後
規定なし	➡ **配偶者短期居住権**について、以下の規定が新設された ① **配偶者は、居住建物の使用**に関して、**善管注意**義務を負う ② 配偶者は、**居住建物取得者の承諾**を得なければ、居住建物を**第三者**に**使用**させることができない ③ 上記①②の違反があった場合、居住建物取得者は、**配偶者への意思表示**によって、**配偶者短期居住権を消滅**させることができる　➡催告は**不要** ④ **配偶者**は、居住建物の修繕ができる 　ただし、配偶者が**必要な修繕をしない場合**、居住建物取得者も自ら修繕できる ⑤ 配偶者短期居住権が消滅した際、配偶者には、居住建物の**原状回復義務**がある

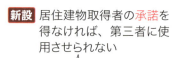

使用貸借契約

新設 居住建物取得者の承諾を得なければ、第三者に使用させられない

居住建物取得者

第三者

配偶者

新設 違反すると、居住建物取得者による意思表示により、配偶者短期居住権を消滅させることができる

改正点の解説

新設 **1　配偶者は「善管注意義務」を負う**

　配偶者短期居住権の使用に関して、少し細かい部分をいくつか確認しておこう。どれも試験に出題される可能性はある。

　まず、**改正民法1038条1項**は、**配偶者は**、従前の用法に従い、**善良な管理者の注意**をもって、**居住建物の使用をしなければならない**とする。これは「配偶者居住権」と**同じ**である。

　また、同条2項は、**配偶者短期居住権を有する配偶者は、居住建物取得者の承諾を得なければ、その居住建物を第三者に使用させることができない**とする。

　なお、この**第三者の使用**とは、**使用貸借**契約のことである。もし第三者と「賃貸借」契約を結んでしまうと、配偶者は「**収益**」を得てしまうことになるが、配偶者短期居住権では「**収益**」が認められていない（196ページを参照）。

　ちなみに、配偶者短期居住権でも、配偶者居住権のように「譲渡」を否定する条文がある（改正民法1041条、同法1032条2項）。

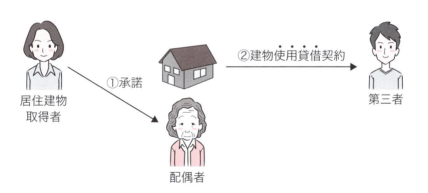

居住建物取得者　①承諾　②建物使用貸借契約　第三者

配偶者

新設 **2　配偶者の善管注意義務違反等で、居住建物取得者は、配偶者短期居住権を消滅させることができる**

　配偶者に善管注意義務違反があった場合や、配偶者が居住建物取得者の承諾なくして第三者に居住建物を使用させた場合、居住建物取得者は、

当該配偶者に対する意思表示によって、配偶者短期居住権を消滅させることができる（改正民法1038条3項）。これは「配偶者居住権」とは異なり、催告が不要となっている。

新設 3 配偶者は、居住建物の修繕ができる

配偶者短期居住権においても、配偶者は居住建物の修繕ができる（改正民法1041条、1033条1項）。ただし、配偶者が必要な修繕をしない場合、居住建物取得者も自ら修繕できる（同法1041条、1033条2項）。これは「配偶者居住権」と同じである。

新設 4 配偶者短期居住権が消滅した場合の処理について

配偶者短期居住権が消滅した場合、原則として、配偶者は居住建物を居住建物取得者に返還しなければならない（改正民法1040条1項）。

「原則として」というのは、配偶者短期居住権を有する配偶者がその後「配偶者居住権」を取得した場合、"短期居住権"は消滅するが、そのまま住み続ければよいので、この場合は例外的に、居住建物取得者への返還義務が生じないということである。

なお、配偶者短期居住権が終了するケースとしては、配偶者が「配偶者居住権」を取得した場合、配偶者が死亡した場合（同法1041条、597条3項）、善管注意義務違反等で消滅の意思表示がなされた場合（同法1038条3項）などがある。

そして、配偶者短期居住権が消滅した場合、配偶者居住権を取得した場合以外にあっては、居住建物を返還しなければならない。この場合、居住建物に附属させた物を収去する義務を負う（同法1040条2項、599条1項）。これも「配偶者居住権」と同じである。

では最後に、ここまで「配偶者居住権」と「配偶者短期居住権」の規定を確認してきたが、この2つの権利の主な異同をまとめておくので、試験前の参考にしてほしい。

▶「配偶者居住権」と「配偶者短期居住権」の主な異同

配偶者居住権	項目	配偶者短期居住権
被相続人の**配偶者**のみ	権利取得者	被相続人の**配偶者**のみ
居住建物のみ	対象となる目的物	**居住建物**のみ
相続開始の時	居住が必要な時点	**相続開始**の時
発生**しない** ①**遺産分割**、②**遺贈**、③**死因贈与**契約を経て発生する	要件を満たした場合、法律上当然に発生するか	発生**する**
居住建物の**全部**について、**無償**で**使用・収益**ができる	権利内容	居住建物の**一部**又は**全部**について、**無償**で**使用**ができる ➡**収益**はできない
原則：配偶者の**終身**の間存続 例外：**別段の定め**があれば、それによる	存続期間	①配偶者を含む共同相続人間で**遺産分割を行う場合** 　遺産分割により居住建物の**帰属**が**確定**した日、又は、**相続開始**時から**6か月**を経過する日のいずれか遅い日 ②配偶者を含む共同相続人間で**遺産分割を行わない場合** 　居住建物取得者の配偶者短期居住権の**消滅**の**申入日**から**6か月**を経過する日
被相続人が**相続開始**時に**居住建物**を配偶者以外の者と**共有**していた場合	権利が発生しない場合	①**「配偶者居住権」**を**取得**した場合 ②相続の**欠格**により、相続権を失った場合 ③相続の**廃除**により、相続権を失った場合
できる	登記できるか	**できない**
原則として、**配偶者**	居住建物の修繕をする者	原則として、**配偶者**
あり	原状回復義務	**あり**

予想問題

> **相続に関する次の記述のうち、民法の規定によれば、誤っているものはどれか。**
>
> 配偶者短期居住権を有する配偶者は、居住建物取得者の承諾を得なければ、その居住建物を第三者に使用又は収益させることができない。

〔解説〕 ✕

　配偶者短期居住権を有する配偶者は、**居住建物取得者の承諾**を得なければ、その**居住建物を第三者**に**使用**させることができない（改正民法**1038条2項**）。本問では、「収益」が入っているが、配偶者短期居住権では、第三者に収益させることは**できない**。

 予想問題

> **配偶者の居住の権利に関する次の記述のうち、民法の規定によれば、誤っているものはどれか。**
>
> 配偶者短期居住権を有する配偶者は、従前の用法に従い、善良な管理者の注意をもって、居住建物の使用をしなければならないが、配偶者居住権を有する配偶者は、終身の間、当該権利が存続する以上、自己の財産におけるのと同一の注意をもって、居住財産の使用及び収益すれば足りる。

〔解説〕 ✕

　配偶者短期居住権であっても、配偶者居住権であっても、これらの権利を有する配偶者は、従前の用法に従い、**善良な管理者の注意**をもって、**居住建物の使用（配偶者居住権では収益も）をしなければならない**（改正民法**1032条1項、1038条1項**）。

　本問のように、2つの権利の異同を問う問題は考えられるので、前ページの表は押さえておこう。

36 遺留分権が金銭債権化！「特別の寄与」が新設！

出題可能性　★★

👉 改正のポイント！

改正前	改正後
遺留分を侵害する行為があった場合、遺留分権利者は、遺留分減殺請求権を行使できた	➡ **遺留分を侵害する行為**があった場合、**遺留分権利者等は、遺留分侵害額に相当する金銭の支払**を請求することができると**変更**された ➡ つまり、遺留分が害された分の**金銭債権を取得する制度**となった
規定なし	➡ 被相続人の「**親族**」に対する「**特別の寄与**」という制度が**新設**された

①死亡
被相続人

②遺贈 ⟶

受遺者

相続人

③遺贈により、遺留分が侵害された

④侵害された遺留分の額の金銭債権を取得

変更 遺留分減殺請求権から、金銭債権の取得となった

■ 改正点の解説

変更 1 遺留分侵害の効果が「金銭債権」の取得となった！

遺留分とは、**一定の相続人の相続財産**について、必ず留保されなければならない一定割合のことである。つまり、被相続人は遺言により、相続分の指定等ができるが、その意思を完全に尊重してしまうと、相続財産をもらえない相続人がでてきかねない。そこで、ある程度は相続人に相続財産を確保させようとするものだ。

その確保の方法について、改正前の民法では「遺留分減殺請求権」というものを認めていた。つまり、遺留分を侵害されていると気が付いた相続人が、この権利を行使することで、当然にその確保されるべき相続財産の所有権が自らの下に移ってくる、という物権的効果を持つものであった。

しかし、**改正民法1046条1項**は、**遺留分権利者**及びその承継人は、**遺留分侵害額に相当する金銭の支払を請求する**ことができると規定し、**遺留分が害された額の金銭債権を取得**する、という制度となった(前ページの図参照)。

ちなみに、**遺留分を害する遺言**があった場合、**遺留分権利者が何もしないでも当然にその遺言部分が無効となるわけではなく**、上記の請求をすることで、**金銭債権**が発生する。改正前の民法でいえば、遺留分減殺請求を行うことで、はじめて所有権移転の効果が発生したことになったことと同じだ。逆に言えば、遺留分権利者が別によいと思えば、何の効果も発生しない。

また、**遺留分権利者は、兄弟姉妹以外の法定相続人**である（**改正民法1042条**）。

ちなみに、上記の割合の話ではなく、細かい遺留分侵害額の算定方法についても今回の改正法で整備されたが、そこまでは出題されないと予想するので、解説は省略する（その学習をするパワーがあれば、別の学

ONE POINT!! ちょこっとコメント

遺留分の割合について実質的な内容の改正はないが、ここで整理しておこう。

原則　法定相続分×2分の1

相続人が直系尊属のみ　法定相続分×3分の1

	相続人	遺留分
	直系尊属のみ	3分の1
①	配偶者のみ	
②	配偶者と直系尊属	
③	配偶者と子	2分の1
④	子のみ	

　例えば、被相続人がA、相続人が配偶者Bと子C、相続財産が3,000万円の場合、次のようになる。

〔法定相続分〕 配偶者Bは2分の1で、**1,500**万円

　　　　　　　　子Cも2分の1で、**1,500**万円

〔遺留分〕 配偶者Bは2分の1×2分の1で、**750**万円

　　　　　　　子Cも2分の1×2分の1で、**750**万円

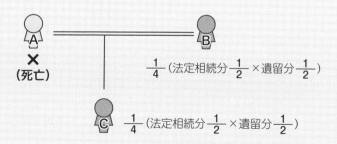

習に充てるべきである）。

　ただし、1点だけ補足しておくと、**遺留分は、相続の開始前でも、家庭裁判所の許可を得れば、放棄できる**ことも知っておこう（**改正民法1049条**）。これは条文番号の移動だけで、実質的な改正はない。

　相続開始前に、"遺留分"まで放棄しようというのは、よほどのことなので、誰かに強要されていないかを家庭裁判所にチェックさせるのだ。なお、相続開始後に遺留分を放棄したければ、206ページの金銭の支払請求を行わなければよいだけである。

【新設】 2　被相続人の「親族」に対する、「特別の寄与」という制度が新設された！

　改正民法1050条には、民法最後の条文として「**特別の寄与**」がある。これは民法904条の2の「寄与分」の制度と類似の制度である（民法904条の2に改正はない）。

　「**寄与分**」の制度は、被相続人の生前、被相続人の財産の維持や増加、被相続人の療養看護などについて特別の貢献があったと認められる「**相続人**」に対して、共同相続人間の協議や家庭裁判所の審判などに基づき、相続財産の一定割合を取得させるものである。

　例えば、運送業の経営者であった甲に、ABCの3人の息子がいたとする。甲の妻はすでに死亡している。甲が重い病気にかかり、甲が死亡するまでの数年間、甲と同居していた長男Aが甲の事業のフォローを、Aの妻（配偶者）が甲の看護と介護を行うなど、献身的に甲を支えた。甲の死亡後、甲の相続財産が3,000万円あったとして、法定相続分によれば、甲の子ABCが相続する財産は1,000万円ずつとなる。

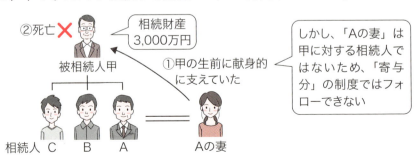

②死亡✖️　被相続人甲　相続財産3,000万円
①甲の生前に献身的に支えていた
相続人 C　B　A　Aの妻
しかし、「Aの妻」は甲に対する相続人ではないため、「寄与分」の制度ではフォローできない

　しかし、相続財産が「3,000万円」として残っていたのは、長男Aとその妻が献身的に甲を支えたからであった場合、本当にこの相続分（1,000万円ずつ）でよいのかという問題がある。このような場合、**「相続人」**であるAに**相続財産からある程度の財産を取得させよう**という制度が**「寄与分」**である。

　しかし、長男Aに寄与分が認められれば一件落着というわけでもない。「Aの妻」の貢献に対する評価がなされていないのだ。Aに寄与分が認められることで、一緒に生活をしているであろうAの妻も間接的に対価を得るのかもしれないが、可能性の話にすぎない。

　寄与分が認められるのは「相続人」であることが前提なので、甲の財産に対して、相続人の範囲から外れている「Aの妻」は、どれほど甲に貢献していたとしても、寄与分が認められることはない。このような問題は俗に「長男の嫁」問題とも呼ばれる。日本では長男家族がその長男の親と同居するケースが多く、結果的に「長男の嫁」が長男の父母の介護等に従事することが多くなり、この呼ばれ方になった。

　このような問題意識から、**貢献が評価される人（特別寄与者）を「被相続人の親族」にまで拡大して、特別寄与者にも一定の権利を認める**のが改正民法1050条の**「特別の寄与」**の制度だ。

　どのような権利が認められるのかというと、**相続人に対して、寄与に応じた額の金銭（特別寄与料）の支払を請求**することができる。つまり、**相続人への金銭債権**が発生する。

　また、要件としては、**「被相続人の親族」**である者が、**被相続人に対して「無償」で、療養看護その他の「労務の提供」**をしたことにより、被相続人の財産の維持又は増加について特別の寄与をする必要がある。

　寄与分の制度では、**「労務の提供」**に限られていないが、**特別の寄与**では、**「労務の提供」**に限られる。しかも、**「無償」**でなければならない。

　なお、**「相続人」**は、特別寄与者から**除かれている**ので、上の例でいえば、**Aは特別寄与料を請求することができない**。Aは相続人である以

上、「寄与分」の制度を利用すればよいのだ。

　そして、特別寄与料の請求は、特別寄与者が相続開始及び相続人を知った時から6か月の経過、又は、相続開始から1年の経過で行えなくなる（**改正民法1050条2項**）。

　「特別の寄与」については、出題可能性が高いとは言えないが、気になる人は、このくらいの知識を押さえておけば、もし出題されたとしても、対応できるだろう。

予想問題

 予想問題

> **遺留分に関する次の記述のうち、民法の規定に照らし妥当でないものはどれか。**
>
> 経営者であった被相続人Aが、事業を手伝っていた長男Bに会社の土地建物（時価1億円）を、長女Cに預金1,000万円を相続させる旨の遺言をし、死亡した。Aの配偶者は既に死亡している。遺言の内容に不満なCがBに対し遺留分侵害額請求をすると、相続財産である会社の土地建物は、BとCの共有となる。

〔解説〕　×

　遺留分減殺請求権の行使によって当然に物権的効果が生ずるとされていた改正前の規律は見直され、改正民法では、遺留分の行使によって**遺留分侵害額**に相当する金銭債権が生ずるものとしつつ（**改正民法1046条1項**）、金銭を直ちには準備できない受遺者等の請求により、金銭債務の全部又は一部の支払につき**裁判所が期限を許与することができる**ものとされた（同法1047条5項）。したがって、改正前の民法では正しいが、改正民法では誤りである。

予想問題

> **被相続人の親族による特別の寄与に関する次の記述のうち、民法の規定に照らし妥当なものはどれか。**
>
> 被相続人Ａには、相続人として長男Ｂ、次男Ｃ、長女Ｄがいたが、Ａの生前、無償でＡの介護・療養看護をしたのは、長男Ｂの妻Ｅであった。Ａの配偶者Ｆはすでに死亡している。この場合、ＣおよびＤは、Ａの介護・療養看護を全く行っていなかったとしても、相続財産を取得することができるが、Ｅは、Ａの相続人ではないため、相続財産の分配を受けることはできない。

〔**解説**〕　×

　改正前の民法では、相続人以外の者は、相続人の介護・療養看護に尽くしても相続財産を取得することができなかった。このような場合に、介護等による貢献に報い実質的な公平を図る趣旨から、**改正民法1050条**は、**特別の寄与の制度**を創設した。同条1項は、被相続人に対して無償で療養看護その他の労務の提供をしたことにより被相続人の財産の維持又は増加について**特別の寄与をした被相続人の親族**は、相続の開始後、相続人に対し、**特別寄与者の寄与に応じた額の金銭（特別寄与料）の支払を請求することができる**と規定している。

　なお、特別寄与者からは、以下のものは除かれる（同法1項かっこ書）。
①相続人（寄与分を主張すべきである）
②相続の放棄をした者
③相続欠格により相続権を失った者
④相続廃除により相続権を失った者

37 特別養子縁組の「養子」の上限年齢が引き上げられた！

出題可能性　★★

👉 改正のポイント！

改正前	改正後
特別養子縁組の請求時に、6歳に達している子は、養子となることができない	➡特別養子縁組の請求時に15歳に達している者は、養子となることができないと変更された ➡特別養子縁組の成立時に18歳に達してしまう者も、養子となることができないと変更された
特別養子縁組の請求時に、8歳未満であり、6歳に達する前から、引き続き、養親となる者に監護されていれば、養子となることができる	➡養子となる者が15歳に達する前から、引き続き、養親となる者に監護されていて、かつ、特別養子縁組の請求をしなかったことにやむ得ない事由があれば、請求時に15歳に達していても養子となることができるとされた
規定なし	➡養子となる者が15歳に達している場合、特別養子縁組の成立には、その者の同意が必要

特別養子になろうとする子（15歳）

養親になろうとする者

特別養子縁組の請求 →

家庭裁判所

変更 請求時に15歳に達している場合は、特別養子縁組ができない

改正点の解説

変更　**1　特別養子縁組の養子の上限年齢が14歳に引き上げ**

　「**特別養子縁組**」とは、何らかの事情で生みの親（実父母）がその子を育てることができない場合、その子の育成を養親に託す制度である。**「普通養子」と異なる**点は、その**養親と養子は、戸籍上も実の親子**となることができる点である。

　例えば、戸籍上の記載において、「普通養子」の場合、養子となる者は「養女・養子」と記載されるが、「特別養子縁組」の場合、「長女・長男」と記載され、養子となった者が戸籍を目にすることがあっても、自分が養子であることがわからないようになっている。

　また、「普通養子」の場合、養親・養子となる者同士の契約により、養子関係を成立させることができるが、**「特別養子縁組」**の場合、**家庭裁判所の審判**が必要となる（民法817条の2第1項）。

　さらに、「普通養子」の場合、養子となる者は、実父母との親子関係はそのまま継続するが、**「特別養子縁組」**の場合、**実父母との親子関係も断絶**され、まさに法律上は"完全な親子関係"となることができるようにする制度である。

　このように、できるだけ"完全な親子関係"の成立をめざす以上、その要件は厳しい。改正前の民法では、原則として、養子となる子は、特別養子縁組の請求時に6歳に達していると、特別養子縁組を結べないこととされていた。

　しかし、虐待事件などから子を救う1つの手段として、もっとこの制度を活用すべきとの考えから、原則として、**特別養子縁組の請求時に15歳に達していなければ、つまり、14歳までの子**であれば、**特別養子縁組の養子になることができる**とされた（改正民法817条の5第1項）。

　また、**例外的**に、特別養子縁組の請求時に、**15歳に達している子**であったとしても、**一定の要件で養子となることもできる。**ただし、その場合、**養子となる子の同意**が必要となる（同条2項、3項）。

ONE POINT!! **ちょこっとコメント**

普通養子縁組と特別養子縁組

　普通養子縁組は、戸籍上において養親とともに実親が並記され、**実親と法律上の関係が残る縁組形式**である。一方、**特別養子縁組**は、戸籍の記載が**実親子とほぼ同様の縁組形式**をとるものとして、1987年に成立した縁組形式である。特別養子縁組では実親との親子関係は**終了**する。

予想問題の確認

予想問題

養子縁組に関する次の記述のうち、民法の規定及び判例によれば、誤っているものはどれか。

養親になろうとする者が特別養子縁組の審判を家庭裁判所に申立てする時点で、養子になろうとする者が10歳に達している場合、その子とは特別養子縁組を結ぶことはできない。

〔解説〕　×

　改正前の民法では、原則として、特別養子縁組の審判の申立て時に養子となる者が6歳未満であることが必要とされ、例外的に認められる場合でも、養子となる者が8歳未満でなければならなかった。

　しかし、改正民法では、**特別養子縁組の審判の申立て時に、原則として、養子となる者が15歳に達していなければ養子になることができる**とされたので（**改正民法817条の5第1項前段、第2項**）、本問は**誤っている**。

　なお、この規定は、15歳以上の者が自ら普通養子縁組することができることを考慮したものである。

第**2**章

令和4年度試験からの出題範囲

この第2章では、**令和4年度試験より、試験範囲内に含まれる予定の改正法を解説する**。メインは、**成人年齢の引下げ**であり、**令和4年4月1日より、成人年齢が現在の「20歳」から「18歳」**となる。

18歳となること自体が、そのまま出題されることはないであろうが、この改正に伴い、**婚姻可能年齢も変更され、さらに「成年擬制」がなくなる**ことは、特に改正前の民法をよく学習していた受験生にとっては勘違いの元となり、試験対策上も重要である。さらに、**18歳から単独で有効に契約を結ぶことができる**こととなるので、**注意が必要**だ。

1 成人年齢が男女とも18歳に！結果、成年擬制がなくなる！

出題可能性　★★★

 改正のポイント！

改正前	改正後
成人年齢は「20歳」であった	➡成人年齢が「18歳」と変更された
婚姻できる年齢は、男性が18歳から、女性は16歳からであった	➡婚姻できる年齢は、男女ともに18歳からに統一された
未成年者が婚姻する場合には、父母の同意が必要とされていた	➡未成年者（17歳以下の者）が婚姻できるケースはなくなった ➡よって、未成年者が婚姻する場合の父母の同意という制度はなくなった
未成年者が婚姻した場合、成年と同様に取り扱われていた（成年擬制）	➡未成年者（17歳以下の者）が婚姻できるケースはなくなった ➡よって、成年擬制という制度はなくなった
養子縁組における「養親」となる能力は、成年（20歳）に認められていた	➡養子縁組における「養親」となる能力は、20歳のままで維持されている

■ 改正点の解説

変更　1　成人年齢が「20歳」から「18歳」に変更！

　成人年齢が従来の「20歳」より「**18歳**」へと変更される。これは令和4年4月1日から施行予定の改正点なので、**試験範囲に含まれるのは令和4年度試験**からだ。

　日本における成年年齢は、明治9年以来ずっと20歳とされていたが、世界的な基準に合わせる、また、若者の自己決定権を尊重し、積極的な社会参加をうながすなどのねらいから、成人年齢の改正に至った。

　18歳に達した時点で成人となる以上、**単独で有効な契約**（例：アパートを借りるという賃貸借契約）を締結することができるし、**父母の親権に服さなくなる**という効果がある（民法818条1項）。

　ちなみに、**令和4年4月1日より前に、18〜19歳だった者が親権者等の同意を得ずに締結した契約**は、この**改正法の施行後も引き続き、その契約を取り消すことが**できる。

❶
成人年齢が男女とも18歳に！結果、成年擬制がなくなる！

ONE POINT!! ちょこっとコメント

　公職選挙法の選挙権年齢は、すでに18歳へと引き下げられている。また、成人年齢が18歳になったとはいえ、お酒やたばこに関する年齢制限は20歳のまま維持される。これらは健康被害への懸念に基づく制限なので、従来の年齢を維持することとされたのだ。

変更　2　婚姻開始年齢が男女ともに「18歳」に統一！

　改正前の民法では、男性は18歳、女性は16歳にならなければ、婚姻をすることができないとされていた。婚姻開始年齢に男女差が設けられていたのは、男女間での心身の発達の差異を考慮したためである。

　しかし、この差異に合理的な理由はないと考えられるようになり、婚姻開始年齢における男女の差異を解消することとされ、**男女ともに「18歳」になれば婚姻できる**と改正された（**改正民法731条**）。

削除 　**3　未成年者の婚姻における父母の同意がなくなる！**

　ここまで述べたように、**男女ともに18歳になれば成人し**、原則として、**単独で自由な契約を結ぶことができる**ようになるし、**婚姻もできる**ようになる。

　この点、改正前の民法737条では「未成年者」、つまり、18〜19歳の男性か、16〜19歳の女性が婚姻する場合、その未成熟性から、父母の同意を要する旨の規定があった。

　しかし、「18歳」で成人し、「18歳」で婚姻できるようになった以上、**改正民法下での「未成年者」（＝17歳以下の者）が、婚姻できるケース**がなくなった。

　よって、**未成年者の婚姻**について、**父母の同意を求める改正前の民法737条は削除**されることとなった。

削除 　**4　「成年擬制」という制度もなくなる！**

　改正前の民法753条では、未成年者が婚姻をしたときは、これによって成年に達したものとみなすという、いわゆる**「成年擬制」**の制度があった。未成年者であったとしても、婚姻をするくらいに成熟している場合には、成人とみなしましょう…という制度だ。

　しかし、**改正民法下で「未成年者」が、婚姻できるケースが**なくなった。よって、未成年者が婚姻したので、成年とみなしましょう…というケースがなくなり、成年擬制自体を必要とするケースがなくなったため、**この制度も令和4年3月末をもって廃止**される。

変更 　**5　養親となる年齢は「20歳」が維持される**

　改正前の民法792条では、養子縁組における養親となることができる年齢について「成年」者であることを規定していた。

　しかし、改正後は18歳以上の者が成年となる以上、この規定のままだと、18歳に達すれば養親となることができることになってしまう。

　養子となる者のことを考えると、養親となる者に一定の経済力等を求めるべきとの考えもあり、**養親となる者の年齢については、**20歳**からという現状を維持**することとなった。

　よって、**実質的な変更はないが**、条文上「成年」に達した者は、養親となることができると規定されていた部分が、**「20歳」に達した者は、養親となることができる**と改正されたのである。

過去問の確認と予想問題

　このテーマに関しては、様々なパターンでの出題可能性がある。少し多めに問題を準備しておくので、うっかりミスをしないように確認しておこう。

 過去問　平成25年度　問題35

> 婚姻および離婚に関する次のア〜オの記述のうち、民法の規定に照らし、正しいものの組合せはどれか。
>
> ア　未成年者が婚姻をするには、父母のいずれかの同意があれば足り、父母ともにいない未成年者の場合には、家庭裁判所の許可をもってこれに代えることができる。

〔解説〕　改正前 ×　→改正後 ×

　本問は改正の前後を問わず誤っているが、その理由が異なる。

　改正前の民法では、父母の同意を得なければならないとし（改正前の民法737条1項）、一方が同意をしないときは他の一方の同意だけで足りると同条2項で規定していたが、父母ともにいない場合の規定は存在せず誤りであった。

　しかし、**改正民法では成年年齢が18歳に引き下げられ**（同法4条）、**女性の婚姻開始年齢が18歳に引き上げられ**（同法731条）、**婚姻開始年齢が男女とも18歳に統一**された。つまり、18歳になれば**父母の同意**を要せずに婚姻できるので、その点で誤りである。

❶ 成人年齢が男女とも18歳に！結果、成年擬制がなくなる！

> 婚姻および離婚に関する次のア〜オの記述のうち、民法の規定に照らし、正しいものの組合せはどれか。

> イ　未成年者が婚姻をしたときは、成年に達したものとみなされる。したがって当該未成年者は、法定代理人の同意がなくても単独で法律行為をすることができる。

〔解説〕　改正前 ○　→改正後 ✕

　改正前の民法753条は、未成年者が婚姻をしたときは、これによって成年に達したものとみなすと規定していた（婚姻による成年擬制）。しかし、**改正民法**においては、**成年年齢が18歳に引き下げられ**（同法4条）、**婚姻開始年齢が男女ともに18歳に統一**された（同法731条）結果、**成年擬制という制度の必要性がなくなった**。改正により民法753条は**削除**されるため、改正民法では誤りである。

 過去問　平成26年度　問題28改題

> Aが自己所有の甲土地をBに売却する旨の契約（以下、「本件売買契約」という。）が締結された。この場合に関する次の記述のうち、民法の規定および判例に照らし、妥当なものはどれか。

> 5　契約当時Aは19歳であったが、その旨をBに告げずに本件売買契約を締結した場合、制限行為能力者であることの黙秘は詐術にあたるため、Aは未成年者であることを理由として本件売買契約を取り消すことはできない。

〔解説〕　改正前 ✕　→改正後 ○

　判例（最判昭44.2.13）によれば、「詐術を用いたとき」とは、無能力者（現行民法：制限行為能力者）が、能力者であることを誤信させるために、相手方に対し積極的術策を用いた場合に限るものではなく、無能力者が、人を欺くに足りる言動を用いて相手方の誤信を誘起し、また

は誤信を強めた場合も包含すると解すべきである。したがって、単に無能力者（制限行為能力者）であることを黙秘していたことの一事をもって、詐術に当たるとするのは相当でないとしている（最判昭44.2.13）ことから、改正前の民法では、制限行為能力者であることの黙秘を詐術にあたるとする点で妥当でない。

　改正民法では、成年年齢が18歳に引き下げられる結果、Aは契約当時において未成年者ではない。したがって、詐術に当たるかどうかを論ずるまでもなく、Aは、本件売買契約を未成年者であることを理由に取り消すことはできないから妥当である。

 予想問題

> **行為能力に関する次の記述のうち、民法の規定及び判例によれば、誤っているものはどれか。**
>
> 18歳のAは、法定代理人の同意を得ることなく、単独で有効な法律行為をすることができ、また、養子縁組の養親となることもできる。

〔解説〕　×

　改正民法では、**18歳**で成人となるため（**改正民法4条**）、18歳のAは法定代理人の同意を得ることなく、単独で有効な法律行為をすることが**できる**。しかし、養親となる能力は、成人年齢とは別に**20歳**とされるため（**改正民法792条**）、18歳のAは養親となることが**できない**。

さくいん